*Para*

_____

_____

_____

_____

*De*

_____

*Fecha*

_____

## Otros libros de Elizabeth George:

*Acaba con tus preocupaciones… ¡para siempre!*
*Ama a Dios con toda tu mente*
*Colosenses/Filemón: Descubre la gracia de Dios*
*Cómo criar a una hija conforme al corazón de Dios*
*Encuentra la senda de Dios en medio de tus problemas*
*Ester: Descubre cómo ser una mujer bella y fuerte*
*Guía de una mujer para las buenas decisiones*
*Jardín de la gracia de Dios*
*Jueces/Rut: Cultiva una vida de integridad*
*Lucas: Vive con pasión y propósito*
*María: Cultiva un corazón humilde*
*1 Pedro: Cultiva un espíritu afable y apacible*
*Promesas poderosas para toda pareja*
*Proverbios 31: Descubre los tesoros de una mujer virtuosa*
*Sabiduría de Dios para la vida de la mujer*
*Santiago: Crece en sabiduría y fe*
*Sara: Camina en las promesas de Dios*
*Sigue a Dios con todo tu corazón*
*Una esposa conforme al corazón de Dios*
*Una madre conforme al corazón de Dios*
*Una mujer conforme al corazón de Jesús*
*Una pareja conforme al corazón de Dios*

LECTURAS DEVOCIONALES para

# Una *Madre* conforme al corazón de *Dios*

Elizabeth George

EDITORIAL
**PORTAVOZ**

La misión de *Editorial Portavoz* consiste en proporcionar productos de calidad —con integridad y excelencia—, desde una perspectiva bíblica y confiable, que animen a las personas a conocer y servir a Jesucristo.

Título del original: *A Mom After God's Own Heart Devotional* © 2012 por Elizabeth George y publicado por Harvest House Publishers, Eugene, Oregon 97402. Traducido con permiso.

Edición en castellano: *Lecturas devocionales para una madre conforme al corazón de Dios* © 2013 por Editorial Portavoz, filial de Kregel Publications, Grand Rapids, Michigan 49505. Todos los derechos reservados.

Traducción: Nohra Bernal

A menos que se indique lo contrario, todas las citas bíblicas han sido tomadas de la Santa Biblia, Nueva Versión Internacional, © 1999 por Biblica, Inc. Utilizado con permiso.

EDITORIAL PORTAVOZ
2450 Oak Industrial Dr. NE
Grand Rapids, Michigan 49505 USA
Visítenos en: www.portavoz.com

ISBN 978-0-8254-1360-5 (rústica)
ISBN 978-0-8254-0355-2 (Kindle)
ISBN 978-0-8254-8510-7 (epub)

2 3 4 5 / 18 17 16 15 14

*Impreso en los Estados Unidos de América*
*Printed in the United States of America*

# Una nota de Elizabeth

Querida madre,

Tú consagras cada hora de tu día a animar a otros. Y tu prioridad es animar a tus hijos, ayudarles a crecer, llevarlos de aquí para allá, y orar como desesperada al tiempo que velas por sus vidas. Ahora quiero darte ánimo con este libro de lecturas devocionales escrito exclusivamente para ti que eres una madre ocupada.

En este librito he extraído de mis recuerdos de madre en la lucha de la crianza. También he incluido mis observaciones de cómo mis hijas forman a sus niños, ocho en total. Tengo una visión amplia de la vida de mis hijas con sus afanes cotidianos, accidentes, y las riñas propias de cada familia… así como de los momentos bellos y tiernos.

Así que, por favor, siéntate y relájate. Dedica uno o dos minutos diarios a buscar la fortaleza y el consuelo que necesitas para seguir adelante y perseverar, para oír a Dios que te dice: "Bien hecho, ¡buena madre fiel!".

En su amor eterno y sublime,

Tu amiga y también madre,

Elizabeth George

# 1

## Que tu luz brille

¿Quieres que tus hijos amen a Dios con todo su corazón? Hay algo que puedes hacer al respecto. ¡Ora! Y dale prioridad a ese anhelo por tus hijos en tu lista de oración. Luego sé diligente demostrando con tu vida el amor de Dios. Efesios 6:4 dice: "críenlos según la disciplina e instrucción del Señor". Hay una manera muy simple para que esto se convierta en un hábito: *habla* del Señor. Habla de Él cuando estás en casa o en el auto. Habla de Él antes de que los niños se van a dormir, y tan pronto como se despiertan. Una mujer —una madre— que ama a Dios es una luz en la oscuridad. Mateo 5:16 dice: "hagan brillar su luz delante de todos [delante de tus hijos], para que ellos puedan ver las buenas obras de ustedes y alaben al Padre que está en el cielo".

*Querido Padre, que mis labios canten alabanzas,*
*eleven peticiones, y hablen sin cesar de tu*
*misericordia. Concede a mis hijos oídos para*
*oír de tu bondad para que se vuelvan a ti,*
*su Padre celestial, con sencillez y deleite.*

# 2

## *Una madre que ora*

Madre, orar por tus hijos va a tener un efecto poderoso en sus vidas. Me tomó bastante descubrir el poder de la oración, ¡y cuánto me alegra esto! Cuando era una madre joven tomé la decisión de quedarme en casa para criar a mis hijas. Y muchas veces me sentí inútil e ineficaz. Pero cuando me hablaron acerca de la oración como un ministerio, eso cambió mi perspectiva. Empecé a orar por mis hijas, junto a mis hijas y con mis hijas. ¡Y qué privilegio fue enseñar a mis dos hijas a orar!

El Salmo 34:8 dice: "Prueben y vean que el Señor es bueno; dichosos los que en él se refugian". Qué bendición es saber que cultivar un corazón de oración te llevará a probar y ver que el Señor es bueno.

*Señor, dame un corazón de oración por mis hijos.*
*Ayúdame a darles ejemplo de lo que significa*
*acudir a ti por cada necesidad, al tiempo que*
*enseño a mi familia cómo tú extiendes a tus*
*hijos tu provisión, tu paz y tu propósito.*

# 3

## Una madre valiente

Basta con echar un vistazo a un mensaje de correo basura para percatarse del mal que opera en este mundo caído. Es más que aterrador. ¡Pero tú como madre puedes marcar la diferencia! La madre de Moisés, Jocabed, pertenecía a una hermandad de madres que consagraron sus hijos a Dios como instrumentos en la lucha contra el mal. La madre de Samuel lo entregó al servicio a Dios, y María vio a su hijo Jesús ofrecerse para morir en la cruz.

El Salmo 37:1 nos anima a no irritarnos "a causa de los impíos". En vez de preocuparte o de intentar solucionar cada problema en tus fuerzas, dedícate a criar hijos piadosos. El poder del mal nada puede frente al poder de la verdad que siembras en el corazón y en la mente de tu hijo. Eres una madre valiente y amorosa cuando pones tu confianza en Dios, y a tu hijo en sus manos.

*Dios, recibo consuelo y seguridad cuando siembro tus verdades eternas en el corazón de mi hijo. No puedo controlar la existencia del mal, pero puedo basar mis decisiones como madre en tu justicia, así como depositar en tu poder todas las esperanzas que tengo para mi hijo.*

# 4

## Un llamado sublime y honorable

Salir a almorzar con las amigas… o pasar tiempo a solas con tu Biblia. He ahí el dilema. A veces es muy difícil escoger, ¿no es así? Es importante dedicar tiempo a nosotras mismas, pero esa prioridad viene después del llamado de Dios de instruir a nuestros pequeños. Este es nuestro llamado más sublime y honorable. Pero no podemos dar lo que no tenemos, de modo que es vital nutrir el anhelo por la Palabra de Dios y su sabiduría.

Lee tu Biblia diariamente. Comunica a tus hijos su verdad que trae vida. Es necesario sacrificar tiempo y energía, pero los años que tienes con tus hijos vuelan. El Salmo 119:11 dice: "En mi corazón atesoro tus dichos". El tiempo que inviertes en la Palabra es el que Dios usará para convertirte en una madre conforme a su corazón. ¡Es tiempo bien invertido!

*Señor, ayúdame a escogerte a ti y tu Palabra como mi fuente de fortaleza y refrigerio cada día. Quiero profundizar mi entendimiento de tu amor y de tu voluntad para así convertirme en una madre que invierte en mi fe y en mi familia con todo lo que soy y lo que tengo.*

# 5

## El vocabulario de Dios

"¡Tiempo fuera!". En un mal día, las madres repiten muchas veces estas dos palabras a sus hijos. Muchas mamás también admiten que les encantaría tener un "tiempo fuera", o sea, un descanso, *de* disciplinar a sus hijos. Sin embargo, la disciplina es definitivamente parte del vocabulario de Dios en lo que respecta a la educación de los hijos. Proverbios 3:12 dice: "Porque el Señor disciplina a los que ama, como corrige un padre a su hijo querido". Y Proverbios 22:6 dice: "Instruye al niño en el camino correcto, y aun en su vejez no lo abandonará". La Biblia enseña que amar a tu hijo significa disciplinarlo. Y Efesios 6:4 advierte: "Y ustedes, padres, no hagan enojar a sus hijos, sino críenlos según la disciplina del Señor". Participa con Dios en la aventura de ayudar a tus hijos a descubrir, elegir y andar en el buen camino.

*Señor, ayúdame a perseverar en la carrera de criar a mis hijos para vivir en integridad, honra y reverencia a ti. Cuando quiera transigir o darme por vencida, recuérdame que criar a un hijo en tus caminos es un privilegio. Gracias por tu fortaleza y tu guía en esta gran aventura.*

# 6

## Nadie es perfecto

Mi esposo Jim anima a los hombres con estas palabras sabias: "Cuando Dios mira tu vida no busca perfección". Ya sabemos que nadie es perfecto. ¡Nadie! Romanos 3:10 dice que todos hemos pecado. Todos hemos desobedecido a Dios. El único hombre perfecto fue Jesús. Aun así, ¿esperas que tu esposo sea perfecto? Si es así, reconsidéralo.

Parte de ser buena madre consiste en ayudar al padre de tus hijos. Anímalo en su papel de cabeza espiritual de tu matrimonio y de tu familia. Cuando apoyas a tu esposo, él puede hacer con mayor libertad lo que Dios espera de él como esposo y padre piadoso.

*Señor, dame el aliento para apoyar y ayudar*
*a mi esposo. Que él pueda sentirse apoyado y*
*respetado en nuestra casa por medio de mis*
*acciones y mis palabras. Dame el deseo de servir*
*al hombre que tú quieres formar en él.*

# Una mujer virtuosa

Si quieres algo a qué aspirar, ¡lee lo que viene! En Proverbios 31 encontramos varias virtudes características de una mujer piadosa. ¡Es una lista asombrosa! Ella es una mujer consagrada a su familia. Se deleita en su trabajo. Es diligente en su labor. Es cuidadosa en su manera de hablar. Depende de Dios. Se viste con esmero. Ayuda a los necesitados. Y reparte bendición.

Lee tú misma Proverbios 31. Luego echa un vistazo al libro de Rut. Es mejor que cualquier novela, ¡es la vida *real*! Rut 3:11 dice que Rut era conocida en toda la ciudad como una mujer virtuosa. Pide a Dios que infunda en *tu* corazón y en *tu* vida las cualidades de Proverbios 31. Que todas las personas de tu ciudad, y de tu casa, vean también que tú eres una mujer virtuosa.

*Señor, anhelo ser una mujer de integridad.*
*En la cultura actual esto no es valorado como*
*lo es ante tus ojos. Que otros vean en mí un*
*corazón que se consagra a ti y depende de ti para*
*adquirir mi valor, identidad y propósito.*

# 8

## Una madre que predica

Hay muchas cosas que podemos hacer por nuestros hijos, ¡y enseñar la Palabra de Dios encabeza la lista! Si amas a Dios y eres madre, busca tiempo en tu ocupada agenda para enseñar la Palabra de Dios a tus hijos. Es algo que tendrá valor para su salvación presente y en la eternidad.

Ruth Graham dijo de la maternidad: "Es el trabajo más hermoso y satisfactorio del mundo, no superado por ningún otro oficio, ni siquiera el de predicar". Luego añadió: "¡Tal vez sea predicar!". ¿Puedes ver cómo tu papel de madre incluye impartir las verdades bíblicas a tus hijos en toda ocasión? Dedica tiempo y esfuerzo para presentar sistemáticamente el amor y la verdad de Dios a los corazones de tus hijos. ¡Nunca es demasiado temprano, ni demasiado tarde, para empezar!

*Padre, dame el deseo vehemente de enseñar tu Palabra a mis hijos, de inculcarles tu verdad y sabiduría. Dame el anhelo de comunicar un mensaje de fe que acerque sus corazones a ti.*

# 9

## *La mujer precisa*

¿Alguna vez has anhelado tener una consejera piadosa? Conozco la mujer que buscas. Cumple con todos los requisitos. Me refiero a la mujer de Proverbios 31. Ella define lo que significa ser una mujer y madre conforme al corazón de Dios. "Cuando habla, lo hace con sabiduría, cuando instruye, lo hace con amor" (v. 26). Esta mujer dedicada enseña a su hijo acerca de la mujer virtuosa. Y sabiamente anima a su hijo a buscar una de estas mujeres dignas y honorables para que sea su esposa. ¿Guías a tu hijo para que pueda encontrar una esposa piadosa? ¿Inspiras a tu hija para que se convierta en una mujer piadosa? Si es así, te estás convirtiendo precisamente en una buena consejera, es decir, una mujer que ama y sigue a Dios.

*Dios, tengo el privilegio de comunicar el bien a*
*mis hijos. Cuando les enseño acerca de la mujer de*
*Proverbios 31, ayúdame a ser ejemplo de cada una de*
*sus admirables cualidades. ¡Ayúdame a ser esta mujer!*

# Una mujer excepcional

¿Quién *es* una mujer conforme al corazón de Dios? Y ¿cómo la reconocerás cuando la veas? En la Biblia encontramos a Débora, que en el Antiguo Testamento aparece como profetisa, esposa y juez. Una mujer notable, con un llamado igualmente notable.

¿Por qué se destaca Débora como una mujer especial? Ella era una esposa excepcional. Cantaba. Era poetisa. Era una líder piadosa en su casa y uno de los jueces que Dios puso sobre su pueblo.

Débora vivió una fe extraordinaria en Dios. Tu compromiso con Dios y la actitud de tu corazón pueden igualar a los de Débora. Y tú tienes un llamado extraordinario como madre. Sé diligente. Sé consagrada. Dedicada. Dispuesta. Preparada. ¡Sé excepcional!

*Señor, dame ojos para ver y una mente para comprender cuán extraordinario es mi llamado como madre. Gracias por confiarme la labor de pastorear a mis hijos, y por guiarme en cada paso del camino cuando escucho y leo tu Palabra, y cuando oro para ser excepcional.*

# 11

## Honra a tu madre

Sin importar cuán mayor o independiente seas, el mandato de Dios es que *honres* a tu madre. La forma en que tratas a tu madre demostrará a tus hijos cómo deben respetarte y honrarte a ti todos los días de su vida. Ora por tu madre. Será de provecho para las dos. Habla bien de ella. *Háblale* con amabilidad. Primera de Corintios 13:5 nos recuerda que el amor "no se comporta con rudeza, no es egoísta, no se enoja fácilmente, no guarda rencor". Trata a tu madre con respeto y amabilidad, y escucha también cuando ella te habla. Manifiéstale afecto con un abrazo, un apretón de manos, poniendo tu brazo sobre su hombro. ¡Propóntelo! Hazlo como una hija conforme al corazón de Dios y como madre que desea mostrar a sus hijos el amor de Dios en formas que perduran.

*Dios, quita todo obstáculo en mi vida que me impida amar completa e incondicionalmente a mi madre. Permíteme ser para mis hijos un gran ejemplo de cómo amar a sus padres. La honra que doy a mi madre y a mis hijos es ciertamente la honra que doy a tu precioso nombre.*

# El nido vacío

¿Extrañas el ruido de una casa llena? ¿Se han ido tus hijos a la universidad, se han casado o se han mudado lejos? Entiendo cuán difícil puede ser la etapa del nido vacío para nosotras como madres. Viene demasiado rápido. Ana, una mujer de la Biblia, ansiaba tanto un hijo que en 1 Samuel 1:11 prometió a Dios: "yo te lo entregaré para toda su vida". Y cumplir su promesa significó que su hijo se mudara a otra ciudad. Tenía que amarlo a kilómetros de distancia. La madre de la escritora Elisabeth Elliot oró y escribió cartas. Durante 45 años escribió dos veces por semana a cada uno de sus seis hijos. ¡Y eso fue antes que existieran las computadoras y el correo electrónico! Cuida de *tus* hijos y de tus nietos, en oración y amor. Esta inversión es importante para el Señor y para tu familia.

*Dios, ¿les digo a mis hijos que los amo? Eso
quiero. Eso procuro. Trato de demostrarlo
mediante mi cuidado y afecto. Ayúdame a
aprovechar cada oportunidad para decir, escribir,
y comunicar mi amor por ellos… y por ti.*

# Una mujer inteligente

La Biblia dice que Abigail "era una mujer bella e inteligente" (1 S. 25:3). ¡Esa es una buena aspiración! El nombre mismo de Abigail significa "motivo de gozo". Sin embargo, su vida era todo menos dichosa. Su matrimonio carecía de amor, porque su esposo era un hombre cruel y ebrio. Y no tenían hijos. Con todo, la virtud de Abigail era la fidelidad a la Palabra de Dios y a las personas que la rodeaban.

Sean cuales sean tus circunstancias, tú puedes brillar si permaneces fiel. Nunca subestimes el valor que tiene a los ojos de tu Padre celestial la fidelidad como mujer, madre, esposa e hija de Dios. Después de todo, a Dios le interesa más que seamos fieles a sus normas que nuestro éxito a los ojos del mundo. Eso hace una mujer inteligente.

*Señor, guarda mi corazón para que sea fiel,*
*leal y amoroso. Quiero entender cuanto me*
*sea posible acerca de lo que es vivir con gozo y*
*perseverancia, sin importar las circunstancias.*
*Cuando estoy desanimada levanto mis*
*ojos para ver tu bondad y tu gracia.*

# Amor al extranjero

¿Cómo aprendiste la hospitalidad? ¿Invitaba tu madre a amigos y conocidos para cenar? ¿Estaba tu casa abierta cuando tus amigos necesitaban un lugar seguro donde conversar y reír? ¡Ese es un gran legado de amor! ¿Lo comunicas también a tus hijos? Hebreos 13:2 dice: "No se olviden de practicar la hospitalidad". Hay un dicho sabio: "El amor tiene manos para ayudar a otros. Tiene pies para acudir al pobre y al menesteroso. Tiene ojos para ver la miseria y la necesidad. Tiene oídos para oír los suspiros y sollozos". Ora pidiendo un corazón que se interese en los demás, unos ojos que vean, un alma compasiva, recursos para proveer y compartir, manos abiertas y energía para servir. Pide a Dios que obre en ti y abra tu corazón y tu hogar a quienes lo necesitan.

*Dios, por favor, obra en mí y en mi corazón para que mi hogar y mi vida estén dispuestos a servir a otros. No dejes que me aferre a mis posesiones o bendiciones. Quiero ser una bendición para ti y para mi familia. Ayúdame a demostrar a mis hijos cómo dar, amar y tener fe.*

# Una fórmula para la vida

"Uno para ti… *dos* para mí". ¿Has oído a tu hijo "compartir" así con sus amigos? Esto puede funcionar con niños cuando reparten golosinas, pero como mujer de Dios tú tienes que seguir una fórmula distinta. Te garantizo que tu vida será mejor si el orden es: Dios primero, otros después. Bendice y sirve a tu esposo, a tus hijos, a sus familias, a tu iglesia, tu trabajo, y demás. Pero empieza siempre con Dios. Es un paso sencillo para obtener la fórmula de Dios para el orden en tu vida. En Juan 15:5 Jesús dijo: "separados de mí no pueden ustedes hacer nada". ¡Necesitamos recordarlo! Examina tu calendario: ¿incluye tiempo prioritario con Dios? Dios primero, después los demás. Esto cambiará tu vida y tu familia.

*Dios, si me alejo de tus prioridades para mí,*
*dame un recordatorio para volver al orden*
*correcto. Sé que cuando te doy el primer lugar*
*en todo lo que hago y busco, invierto en el*
*bienestar y en el futuro mío y de mi familia.*

## Cuídate

Cuida de ti misma. ¡Es parte del plan de Dios para ti! Cuando no haces ejercicio, tu espalda se resiente. Cuando no eres cuidadosa con tu dieta, te falta energía y vienen problemas de salud. Cuando no duermes bien, te sientes exhausta durante días. Creo que ya captaste mi mensaje. Es peligroso descuidar tu salud. Después de todo, se requiere energía física para vivir conforme a las prioridades de Dios para ti. Nutre tu capacidad de servir a tu familia con un poco de disciplina adicional y de organización. La Biblia dice que tu cuerpo es templo del Espíritu Santo. Y Gálatas 5:23 insta a ejercer autocontrol. Es por tu bien y por tu vida, y por tus seres queridos bajo tu techo.

*Señor, cuando cambio hábitos dañinos por saludables, te sirvo mejor a ti, a mi familia y a mi propósito según tu voluntad. Cuando cuido mi cuerpo, que es templo del Espíritu Santo, honro tu plan y tus prioridades.*

# 17

## Hoy es el día

Cada minuto que pasa ves a tus hijos más grandes. Y te percatas de una nueva línea de expresión en tu rostro. Es fácil preocuparse por el paso del tiempo. ¡Pero no olvides que tienes el gran regalo del presente! No debes desestimar ni desperdiciar ni un solo día. Puedes lograrlo si tienes en cuenta las palabras de Miqueas 6:8: "Ya se te ha dicho lo que de ti espera el Señor: practicar justicia, amar misericordia, y humillarte ante tu Dios". Ora y pregunta a Dios: "¿Cómo quieres que viva hoy?". La forma en que vives es el legado que dejas para el mañana. ¡Proponte conocer la voluntad de Dios y aprovecha el tiempo para su gloria!

*Hoy es el día que has hecho, Dios. ¿Qué esperas de mí?*
*¿Cómo puede ser este un día lleno de propósito? No*
*quiero desperdiciar el don de un nuevo día, Señor.*

# 18

## Haz el esfuerzo

"Creo en la oración. Es solo que me resulta muy difícil". La oración no es algo tan intimidante como pensamos. Pero como todo lo que vale la pena, requiere esfuerzo. Hay mucho que lograr, y la oración es una fuente de ayuda. Santiago 5:16 nos recuerda que "la oración del justo es poderosa y eficaz". Sigamos las pisadas de tantos héroes de la Biblia. Cuando Salomón oró, Dios lo convirtió en el hombre más sabio del mundo. Elías oró y Dios envió lluvia y fuego. Daniel oró y Dios cerró la boca de los leones. Anímate. ¡La oración fervorosa de una mujer, esposa y madre justa es poderosa y eficaz! Que Efesios 6:18 sea tu meta: "Oren en el espíritu en todo momento, con peticiones y ruegos. Manténganse alerta y perseveren en oración".

*Señor, creo en la eficacia de la oración. Agradezco que me escuchas cuando presento mis necesidades, sueños y alabanzas. Ahora mismo me consagro a practicar la oración con una convicción renovada.*

# Instruye a tus hijos

¿No te parecería genial que existiera un manual para criar a los hijos? Pero no temas, Dios no espera que tengas un diploma de maestra, ni siquiera experiencia. Lo que sí espera es que instruyas a tus hijos. Conté al menos 20 ocasiones en las que aparece alguna forma de instrucción parental en el libro de Proverbios. Por ejemplo, Proverbios 22:6 dice: "Instruye al niño en el camino correcto, y aun en su vejez no lo abandonará". Sin importar cuáles sean los obstáculos, la falta de recompensas, o cuán cansada estés, o incluso si tu enseñanza pareciera no cambiar nada, ¡sigue haciéndolo! Criar a tus hijos para amar al Señor y servirle fielmente es la esencia misma de la crianza.

*Dios, me has dado la importante responsabilidad de criar a un hijo. ¡No me daré por vencida! Descanso en las promesas y en la dirección de tu Palabra para enseñar a mi hijo a amarte sin reservas.*

# La labor sigue

¿Ya han crecido tus hijos? Tengo noticias para ti, querida amiga. Tu labor continúa. Y no lo digo yo, sino Dios. Él dice que las "ancianas" de la iglesia deben enseñar y animar a las mujeres jóvenes a amar a sus hijos (Tit. 2:3-4). ¿Han crecido también tus nietos? Pues bien, Dios te llama como madre experimentada, mayor y sabia, a transmitir tus conocimientos acerca de la crianza. ¿Tienes sobrinas y sobrinos? ¿Hay niños en tu iglesia? Mira nada más las oportunidades que tienes para ser esa mujer experimentada y piadosa en la vida de alguien más joven. Descubrirás que hacerte mayor trae más beneficios de lo que jamás pensaste.

*Señor, acepto que mi labor sigue. ¡Guíame a los niños! Tengo mucho amor tuyo para comunicar a otras madres y niños. Quiero que me uses en cada etapa de mi vida.*

# Ama a tus hijos

Te sorprendería saber cuántas madres cristianas tienen problemas para manifestar amor a sus hijos. Cuidar a nuestros hijos es el plan de Dios para nuestra vida como madres. Es la forma en que seguimos el modelo divino de amor. Sé por experiencia cuán difícil es manifestar un amor tierno e interesado cuando estás ocupada y la vida es agitada. Y, para ser sincera, a veces los niños no son encantadores y fáciles de amar. No obstante, yo tuve que cambiar mi forma de pensar y mi corazón.

Por fortuna, la Biblia es el lugar perfecto para buscar consejo. Gálatas 5:22 nos dice que el fruto del Espíritu es amor, gozo, paz… ¿cuál sigue? ¡Paciencia! Contigo misma y con tus hijos. Madre, permite que tus hijos sepan que los amas. ¡Repítelo hasta que lo crean!

*Señor, diré a mis hijos "te amo" cuando la vida*
*es caótica o cuando ellos fingen que no escuchan.*
*Lo repetiré, porque tú nunca dejas de decirlo.*

# Campo de entrenamiento

El hogar es el campo de entrenamiento para la vida, en una manera u otra. Proverbios 20:11 dice: "Por sus hechos el niño deja entrever si su conducta será pura y recta". Abre tus ojos, madre, ¿en qué anda tu hijo o tu hija?

Empieza ahora mismo a inculcar a tus hijos las actitudes y las acciones que tú quieres ver en ellos. El respeto es fundamental. Si tus hijos te respetan y te honran, y tu posición de autoridad como madre, ellos crecerán respetando todo tipo de autoridad, ya sea en la escuela o en la vida adulta. La Biblia promete que sus vidas serán bendecidas y tú serás bendecida continuamente. "Disciplina a tu hijo, y te traerá tranquilidad; te dará muchas satisfacciones" (Pr. 29:17). La paz del mañana empieza con la lección que impartes hoy a tu hijo, sea grande o pequeña.

*Dios, cuando veo a mis hijos siendo respetuosos,*
*me hago una idea hermosa de lo que pueden*
*llegar a ser. Gracias por esa dicha y por*
*las dulces recompensas de la crianza.*

# Dios te guiará

El Espíritu Santo no sella tu boca automáticamente para impedir que comas en exceso o grites a tus hijos. Pero *sí* te lo recordará. Dios te guía tiernamente cuando lees, estudias, oras e intentas poner en práctica la Palabra de Dios en cada aspecto de tu vida. Por ejemplo, Proverbios 17:28 nos dice que aun los necios son considerados sabios e inteligentes cuando se calman y cierran la boca. Tú tienes que decidir cómo vas a reaccionar frente a los asuntos de la vida. A veces tu mejor respuesta solo viene cuando estás callada, orando y dispuesta. El Espíritu de Dios vive en ti y está listo y dispuesto para ayudarte a crecer y a ser disciplinada.

*Señor, tu paz trae alivio a mi alma y me*
*da perspectiva y paciencia. Seguiré tu*
*dirección para convertirme en una madre*
*influyente. Y descansaré en tu fortaleza para*
*llegar a ser una mujer y madre sabia.*

# Eleva tu voz

Si vas a guiar a tus hijos, a tus hermanas en Cristo, a tus amigos, a tus vecinos, o a tus colegas de trabajo en un camino de disciplina y crecimiento espiritual, tendrás que considerar la disciplina personal como un ingrediente esencial e indispensable de tu propio crecimiento. Proverbios 8:1-3 dice: "¿Acaso no está llamando la sabiduría? ¿No está elevando su voz la inteligencia? Toma su puesto en las alturas… Junto a las puertas que dan a la ciudad".

Si ejercitas el autocontrol en tu vida serás un ejemplo que otros pueden seguir. Llamarás y elevarás tu voz. Y tu ejemplo glorificará a Dios. Se necesitan mujeres dispuestas a ser un ejemplo de Cristo para las jóvenes y sus amigas. Procura ser esa clase de mujer. Crece en disciplina y ocuparás lugares de influencia, para la gloria de Dios.

*Señor, ayúdame a ser un ejemplo poderoso de*
*lo que es una mujer conforme a tu corazón que*
*vive en tu fuerza y te glorifica, que te señala*
*como su modelo y su luz a lo largo de la vida.*
*Ayúdame a elevar mi voz en tu nombre.*

# Decisiones equivocadas

¿Se extingue tu fuego por el Señor? Ya sabes lo que ha sucedido, ¿no es verdad? En algún momento, por alguna razón, se tomaron decisiones equivocadas y esa pasión por conocer y seguir el plan de Dios se perdió. Si quieres ser una mujer que vive la voluntad de Dios en su vida, debes primero apasionarte por la Palabra de Dios. Toma la determinación y decide aferrarte al camino de Dios. Hay demasiado en juego. Tu propio crecimiento espiritual, las vidas de tus seres queridos, tu matrimonio, tu testimonio ante otros. Lo que haces y dejas de hacer no solo te afecta a ti, sino a todos, y todo. Conforme a la bondad de Dios, no es demasiado tarde para empezar a tomar decisiones buenas, mejores, y las más excelentes. Dios te espera pacientemente.

*Dios, por favor, aviva la llama de mi fe. Cuando recién te conocí tenía hambre de tu Palabra y estaba ansiosa por compartirla con otros. Hoy quiero avanzar con una chispa renovada de fe y compromiso.*

# ¿Qué pasa?

¿A dónde se ha ido toda mi energía? ¿Qué pasa? Estas son preguntas importantes que debes plantearte y responder. Si examinas tu vida y tus decisiones acerca de tu salud, tal vez descubras por qué estás tan cansada. ¿A qué hora te acostaste? ¿En qué actividades estás involucrada? ¿Tienes niños pequeños? ¿Adolescentes? ¿Trabajas? ¿Sirves en tu iglesia? Creo que puedes ver claramente lo que sucede. Algo o alguien tiene que afectarse. Y será tu cuerpo si no haces ajustes.

La Biblia dice que Jesús dedicó tiempo para apartarse y descansar. Si quieres ser la madre conforme al corazón de Dios entusiasta y llena de energía, busca maneras de cuidar de ti física, emocional y espiritualmente.

*Dios, dame el discernimiento para ver qué hábitos debo cambiar y cómo puedo recuperar la energía y el entusiasmo en mi vida y en mi andar de fe. Quiero ser saludable, íntegra, estar lista y dispuesta para cada paso de mi propósito en ti.*

# *Empieza ahora mismo*

¡Niños! La palabra brilla con vida y risa. Y montones de energía. Y cada uno de ellos representa una vida de posibilidades para el Señor. Nada exige tanto apoyarte en el Señor como la crianza. El Salmo 127:3 dice: "Los hijos son una herencia del Señor, los frutos del vientre son una recompensa". Enseña a tus hijos la Palabra de Dios. Y enséñales acerca del Señor todo el día, cada día.

Tus hijos necesitan desesperadamente tu instrucción diligente y tu entrenamiento fiel. Como todas las personas, los niños nacen pecadores y desarrollarán hábitos y prácticas naturales que son pecaminosos. Y cuando esos patrones se han arraigado es más difícil corregirlos. Efesios 6:4 dice: "críenlos según la disciplina e instrucción del Señor". ¡Empieza ahora mismo!

*Señor, hay muchos días en los que sería más fácil*
*postergar la enseñanza y la dirección de mis hijos.*
*Dame una visión de la herencia de esperanza y*
*el legado de amor que estoy comunicando a mis*
*hijos cada vez que les inculco tus verdades.*

# Transmítelo

¿Te preocupa más la pulcritud del vestido de tus hijos que la pureza de su corazón? Está bien ser "práctica", excepto cuando se pasa por alto el crecimiento espiritual de un niño. Como madre, debes transmitir una vida de pasión y propósito. No solo en lo que dices, sino en tu forma de vivir. Ora por tus hijos. Está presente física, emocional y espiritualmente.

Mateo 6:21 te recuerda que "donde está tu tesoro, allí estará también tu corazón". Disciplina a tus hijos, pero también anímalos. Asegúrate de que en sus días abunden palabras de alabanza y ánimo de tu parte. Inspira en ellos un amor profundo y puro por el Señor siendo ejemplo de fe y compromiso en tu maternidad y en tu matrimonio. La condición de su corazón depende de ello.

*Padre, dame ojos para ver más allá de lo material
y lo práctico, directamente a las necesidades
espirituales de mis hijos. Quiero criarlos para que
conozcan tus promesas de tal modo que conserven
toda su vida un amor a ti puro y reverente.*

# Déjalo penetrar

Has sido creada a imagen de Dios. Deja que penetre hondo en tu corazón esta verdad: que eres creativa, inteligente y una gran madre. Cada vez que haces algo con amor, realizas un acto de bondad, suavizas tu corazón con el perdón, demuestras un poco más de paciencia, o perseveras fielmente, otras personas, incluso tus hijos, perciben el carácter de Dios a través de ti.

No te preocupes por tu "valía personal". Más bien regocíjate en tu valor ante Dios. No te critiques ni te disminuyas. Recuerda confesar y pensar conforme a las palabras del Salmo 139:14: "¡Te alabo porque soy una creación admirable! ¡Tus obras son maravillosas, y esto lo sé muy bien!". Gózate hoy en la fortaleza que Dios te da para cada día, y en la esperanza que ofrece para todas tus mañanas.

*Señor, tú eres mi fortaleza y mi gozo. Cuán*
*maravilloso es que, en lo mejor y en lo peor*
*de la crianza, yo tenga la certeza de ser hecha*
*a tu imagen y de ser amada sin reservas.*

# El amor es un sacrificio

El amor es un sacrificio, un sacrificio hermoso pero real. Nuestra primera bebé era el sueño de toda madre. Sonreía y era feliz en brazos. ¿Y nuestra segunda hija? Sus primeros seis meses los pasó gritando. Algunos días no era fácil vivir con ella bajo el mismo techo. Aun así, seguí cuidándola, amándola, haciendo todo lo que hace una madre mientras ella luchaba con sus cólicos, se retorcía y gritaba.

Por difícil que sea en ocasiones, Dios te ayudará y te mostrará en qué aspectos debes mostrar un amor sacrificado. Él nos recuerda que debemos ser obedientes aun cuando no nos apetece, porque hay un propósito mayor. Madre, busquemos juntas a Dios para que Él nos capacite para ser mujeres que demuestren un amor sacrificado.

*Dios, a veces soy como una niña caprichosa, hasta el punto de perder el gozo del amor sacrificado. Tu ternura apacigua mi espíritu y me da la paz que necesito para amar a mi hijo como tú me amas.*

# Elige el gozo

Madre, tal vez no quieras oír esto, pero la Biblia te ordena dar gracias, incluso cuando no sientas deseos de hacerlo. Esto no es tarea sencilla, teniendo en cuenta lo que en general afronta una madre. Pero es lo que Dios te manda hacer como mujer de Dios. Y algo maravilloso ocurre cuando obedeces este mandato. Tener un corazón agradecido es como exponer un diamante a la luz en un trasfondo oscuro. ¡Su brillo resalta!

Yo necesito el gozo de Dios. Todos los días. Y lo necesito más que nunca cuando me malinterpretan o sufro emocionalmente. Es asombroso descubrir que *tú* eres un sacrificio de alabanza, y que el obstáculo mismo para tu gozo se convierte en suelo fértil donde el gozo puede florecer. Deja que Dios consuele tu alma para que puedas experimentar la plenitud del gozo en Él. Elige gozarte hoy.

*Dios, te doy gracias por mi vida, mi familia, mis hijos y mi fe. Cuando me percato de que solo pienso en las dificultades, ayúdame a elevar mi gratitud hacia tu luz, y que ella me cubra en tu resplandor.*

# Un llamado a la diligencia

¿Has sentido alguna vez deseos de salir corriendo cuando la vida se vuelve difícil o complicada? Por supuesto que no puedes. Pero en ocasiones eludes tus responsabilidades. Sin embargo, Dios dice que la diligencia es importante. Me fascina el libro de Proverbios porque es un llamado inspirador a la diligencia. Proverbios 14:23 dice: "Todo esfuerzo tiene su recompensa, pero quedarse sólo en palabras lleva a la pobreza". ¿Para qué hablar de planes cuando puedes invertir tu esfuerzo en cumplir un propósito?

Proverbios también habla de la mujer y la madre diligente que se levanta temprano para atender las necesidades de su familia, que es fuerte y diligente en suplir sus necesidades, que trabaja en la noche y nunca está ociosa. Y por cuenta de su diligencia sus hijos se levantan y la felicitan. Su esposo la alaba. Y al final de todo, la Biblia dice que ella recibe el fruto de sus manos (Pr. 31:31).

*Señor, dame el deseo de ser diligente para que mis hijos aprendan de mi ejemplo y me bendigan. Quiero invertir en acciones y esfuerzos verdaderamente valiosos. Quiero construir una vida con mi familia que sea rica en tu abundancia.*

# Una mujer excelente

Quiero animarte hoy con algunas reflexiones de la Palabra de Dios. La primera, que Dios te conoce y te ama. Jeremías 1:5 dice: "Antes de formarte en el vientre, ya te había elegido". Dios te ama, amiga mía y también madre en la trinchera. Su Hijo murió por tus pecados. Dios te ha aceptado. En Cristo eres completa.

Efesios 1:3 dice: "Alabado sea Dios, Padre de nuestro Señor Jesucristo, que nos ha bendecido en las regiones celestiales con toda bendición espiritual en Cristo". Y ante todo, ¡recuerda, madre, que eres una obra inacabada y que un día serás perfecta! Filipenses 1:6 dice: "Estoy convencido de esto: el que comenzó tan buena obra en ustedes la irá perfeccionando hasta el día de Cristo Jesús". Cuando pongas en duda tu valor o tu propósito, busca consuelo en las promesas de Dios que se han cumplido en Cristo para ti.

*Padre, me emociona saber que conoces cada parte de mí. ¡Tú me conoces antes que mis padres! Cuando me preocupo por mis hijos o acerca de mi desempeño como madre, puedo descansar al saber que soy una obra en progreso. Soy tu obra inacabada.*

# El atuendo de una madre

¿Sabías que Dios tiene una lista de sus mujeres mejor vestidas? En esos días en los que apenas logras que los niños se vistan y salgan, es bueno saber exactamente cómo debes vestirte para agradar al Señor. Él dice en Efesios 4:24 que nos vistamos de la nueva naturaleza "creada a imagen de Dios, en verdadera justicia y santidad". Vístete de ternura. Vístete de amabilidad. Vístete de humildad en tu manera de pensar. Vístete de mansedumbre y longanimidad. Primera de Pedro 3:4 nos llama a vestirnos de un espíritu suave y apacible. Y en 1 Pedro 5:5 su consejo de moda en la fe es: "revístanse de humildad".

Cuando te miras en el espejo y reniegas de tu apariencia, o cuando te comparas con otros, piensa en lo hermosa que eres para tu Padre celestial. La Biblia dice que Dios mira el corazón, que es tu verdadera identidad espiritual en Cristo.

*Señor, quiero vestir mi espíritu de toda virtud piadosa. Tengo tantos afanes y ocupaciones a lo largo del día que olvido tu instrucción acerca de cómo adornar mi corazón con amor, gracia, ternura, humildad y amabilidad. Tú me llamas hermosa.*

# Recuerda el momento

¿Oyes eso? ¿La calma? Nadie está llorando, derramando algo o discutiendo. ¡Debo estar en el cielo! Pues bien, da gracias a Dios de todo corazón por esos momentos. ¡Saboréalos! A veces puede parecer que nunca tendrás descanso, que ya no puedes más. Recuerda entonces los momentos en los cuales tus hijos son adorables, encantadores, amorosos y alegres. Como madres, sabemos que tal vez no duren. Disfruta esos momentos y echa mano de ellos para animarte cuando necesites aliento. Yo solía escribirlos en un cuaderno especial. Y cuando necesitaba un recordatorio de que realmente había días buenos, buscaba mi pequeño cuaderno. Y me recordaba a mí misma que el esfuerzo de "ser mamá" vale la pena. Uno de estos días vas a oír a Dios decir: "Bien hecho, madre buena y fiel".

*Jesús, en ti encuentro refugio en todo tiempo.*
*Permíteme apreciar y tener presentes los momentos*
*de grata paz en el hogar y en mi corazón.*

# ¡Adelante, madre!

Cuando Dios dijo "instruye al niño", no dejó a las madres y a los padres frente a una tarea difusa. En Proverbios 22:6, Él nos dijo con toda claridad nuestro propósito y objetivo: "Instruye al niño en el camino correcto, y aun en su vejez no lo abandonará". Como madre, estás llamada a criar a tus hijos para Dios. Y Dios no da lugar a especulaciones en cuanto a la tarea. Proverbios nos dice que el camino del Señor es el camino de la vida, el camino de la sabiduría, el camino de la justicia.

Enseñar a tus hijos es tu trabajo y tu gozo. Así pues, madre, imparte mediante tus acciones tu instrucción. Demuéstrales a tus hijos cuál es el camino de Dios. Enséñales constantemente la Palabra de Dios e inspíralos con la sabiduría de Dios en cada situación. ¡Adelante, madre!

*Señor, me has concedido la gran oportunidad*
*de criar a un hijo de Dios. Guíame para*
*poder disciplinar y animar en el camino de*
*tus verdades, tus promesas y tu sabiduría.*

# Dios hace la obra completa

La vida puede parecer fuera de control. A veces es imposible dormir a causa del temor. La Biblia dice que Dios tiene el control de *todas* las cosas. Nosotras no somos tan buenas para terminar lo que empezamos, pero Dios es quien "hace todo completo". Filipenses 1:6 dice: "el que comenzó tan buena obra en ustedes la irá perfeccionando hasta el día de Cristo Jesús". Cuando tú confías tu vida, tu matrimonio, tus hijos y tu trabajo al plan y al propósito de Dios, puedes vivir libre de duda y de temor. Porque nada ni nadie puede detener la obra de Dios en tu vida. ¡Esa es su promesa! Y como eres una madre conforme al corazón de Dios, puedes elevar una oración de gratitud por la poderosa promesa de que Dios hará la obra completa. Empieza hoy acudiendo al Dios que perfecciona la obra.

*Dios, tú tienes el control de todas las cosas. Tú tienes mi futuro en tus manos y conoces el corazón, el propósito y el futuro de mi hijo. Quita mis dudas y temores para que pueda caminar confiada en los dones de tu provisión y de tus promesas.*

# *La presencia de Dios*

Dios te ayudará con *cualquier* dificultad que enfrentes. ¿Cómo? Solo lee tu Biblia diariamente. Esto es muy importante. La Biblia te ayuda a vivir en el camino en el que Él te conduce. El Salmo 119:105 dice: "Tu palabra es una lámpara a mis pies; es una luz en mi sendero". Tú experimentarás una gran bendición y revelación cuando estés atenta y dependas de la luz de Dios a cada paso que das. Dios quiere que seas valiente para enfrentar todas las vicisitudes de la vida. Lo bastante valiente para permanecer firme en Cristo, para ser ejemplo de un carácter piadoso, para cumplir tu responsabilidad con tu familia, para defender la moral en la escuela de tus hijos, para vivir una vida coherente para Cristo. Tú puedes hacerlo. No en tus fuerzas ni en tu capacidad, sino con el carácter de Dios, su Palabra y su presencia.

*Señor, dame un corazón valiente y convencido.*
*Quiero confiar en tu Palabra y depender de*
*ella como la luz que me guía en tu propósito y*
*tu verdad. Gracias por mostrarme el camino*
*con la luz de tu sabiduría y tu voluntad.*

# Ama a tu esposo

Voy a revelarte un secreto acerca del amor. ¿Estás lista? Amar a tu esposo en realidad nada tiene que ver con él. En cambio, sí tiene todo que ver contigo y tu andar con Dios. ¿Estás sorprendida? La Biblia llama al amor un fruto del Espíritu Santo. Entonces ¿cómo no habría de ser fundamental amar a tu esposo? ¡Te garantizo que esto avivará tu matrimonio! Demuestra generosamente tu amor por él en la forma como le preparas una cena, lo animas, hablas bien de él delante de tus hijos y de otros, y oras por su vida.

Si obedeces a Dios tendrás todo el amor del mundo para dar a tu esposo. Anda en el Espíritu de Dios y Él te dará el amor que fluirá *a través* de ti. Disfruta cada minuto que Dios te da al lado de tu esposo.

*Dios, ayúdame a amar y honrar a mi esposo con mis palabras, mis acciones, mis prioridades y oraciones. Tu Palabra y tu fidelidad me muestran cómo amar cada día a mi esposo y a mis hijos.*

# Soledad

Las madres también se sienten solas. Muchas madres y esposas viven días e incluso períodos en los cuales se sienten solas. Pero tú no estás sola. La Biblia dice que Dios está contigo. Es una realidad. Pasarás momentos de soledad, como cuando tus hijos están en la escuela, tienen actividades adicionales, o van a la universidad, se casan y forman sus familias. Y la mayoría de las mujeres viven más tiempo que sus esposos. Sin embargo, en esos tiempos de transición y soledad, puedes acudir a Aquel que siempre está presente. Ora por tener y cultivar una sensibilidad constante e intensa de la presencia de Dios. Entonces, cuando experimentes soledad física, te darás cuenta de que nunca estás sola. Dios promete que nunca te dejará ni te abandonará. Y Dios nunca rompe sus promesas. Su presencia está ahí *contigo* y *para* ti. Él te consolará y te animará.

*Señor, justo cuando me siento distante, tu presencia me atrae de nuevo. Tú eres mi Creador y la única presencia constante en mi vida. Tú llenas mi vida y mis días con el gozo de tu amor fiel.*

# Ir a la iglesia

¿Quieres invertir en el futuro? ¡Entonces lleva a tus hijos a la iglesia! Este solo acto pagará dividendos a lo largo de varias generaciones. Ir a la iglesia compromete apenas una pequeña porción del tiempo semanal. Sin embargo, esta pequeña práctica, con el tiempo, puede cambiar por completo una vida, un corazón y una familia. Yo no me hice cristiana durante mis años de infancia en los que asistí a la iglesia. Pero estoy muy agradecida porque se sembró en mi corazón una semilla que germinó más adelante.

Dar a Dios la prioridad en un lugar de adoración constituye un ejemplo poderoso para tus hijos. Los padres de Jesús valoraron la importancia de hacerle partícipe de la adoración espiritual. Tu compromiso traerá buenos resultados.

*Padre, fortalece mi determinación de mostrar a mi familia lo que significa ser una persona de fe consagrada. Quiero ser ejemplo del compromiso gozoso con el cuerpo de Cristo. Dame un corazón para transmitir a mis hijos este legado de trascendencia eterna.*

# Enseña con tus actos

Tengo un excelente consejo que recibí de una mujer que me guió cuando yo era una esposa y madre joven. Ella dijo: "Elizabeth, todo lo que haces, y lo que *no* haces, es una enseñanza". Durante años he aplicado esta verdad a la oración y he visto cómo se ha cumplido en mi familia la sabiduría que encierra.

Cuando tú oras, enseñas a tus hijos a orar. Cuando oras con ellos en el teléfono, en la puerta, cuando los acuestas, les enseñas a orar. ¿Y cuando no oras? Les enseñas que la oración no es importante. Permíteles ver y oír tu pasión por Dios. Y a cada oportunidad, invítales a contar sus peticiones por otros, o sus preocupaciones. Pronto considerarán que acudir a Dios es la primera respuesta ante las situaciones de la vida, las diversas necesidades y las celebraciones.

*Dios, da a mis hijos ojos para verme orar.*
*Dales oídos para oír mis alabanzas y peticiones.*
*Dales un corazón que se deleite en el don de la*
*oración. Dales el anhelo de buscarte y la certeza*
*de que siempre estarás disponible para ellos.*

# 43

## *Una madre, nada más*

¡Soy una madre, *nada más*! Muchas veces es así justo como me siento. ¿Alguna vez te has descubierto pensando esto después de hablar con profesionales de gran trayectoria? En ocasiones te percatas de que no eres nadie, a menos que seas una mujer que trabaja fuera del hogar. Y hay quienes piensan que tus hijos estarán bien sin tu cuidado constante. Pero yo pienso muy distinto. Jesús dijo en Mateo 6:24: "Nadie puede servir a dos señores, pues menospreciará a uno y amará al otro, o querrá mucho a uno y despreciará al otro". Aunque Jesús se refería a amar a Dios en vez de amar el dinero, el principio se aplica también a tus decisiones como madre. No se trata de tener una profesión, sino de tener tus prioridades en orden. La pregunta que debes hacerte es qué ocupa el primer lugar.

*Dios, ayúdame a respetar y honrar la prioridad de criar a mis hijos. Recuérdame el valor que tengo ante tus ojos cada vez que cuestiono el valor de mis decisiones. Confío en tu fortaleza para vivir conforme a las convicciones que pones en mi corazón.*

## *Ansias de mucho más*

Como esposa de un estudiante de seminario, enfrenté verdaderos desafíos en el área del contentamiento, y gran parte de eso tenía que ver con las finanzas. Nuestra familia vivía en una casa diminuta con pintura gastada y un cielo raso a punto de desplomarse. Y todos nuestros ingresos se usaban para los gastos de educación, renta y alimentación. ¿Estás en una situación semejante? Por desdicha, los momentos de escasez alimentan un deseo por tener más. Sin embargo, estos períodos se vuelven oportunidades para entregar tus necesidades a Dios en oración. Como madre, tienes muchas necesidades para presentar ante el Padre. Permite que Dios haga su trabajo supliendo esas necesidades y aliviando tu deseo de tener todo de inmediato. El Salmo 84:11 dice: "El Señor brinda generosamente su bondad a los que se conducen sin tacha". Si Dios no lo suple ¡es porque no lo necesitas!

*Dios, hoy te entrego todas mis necesidades y deseos. Mi corazón está pleno cuando comprendo que tú cuidas de mí y provees para mí y mi familia. Ayúdame a mostrar a mis hijos cómo tener más ansias… de ti.*

## Libertad en Cristo

¡Me fascina el día de la fiesta nacional! Es un día de campo, de niños que ríen y juegan, de fuegos artificiales, es toda una fiesta. Sin embargo, el verdadero significado es la celebración de la independencia, la libertad religiosa, la libertad de la tiranía y la opresión. Como mujer, esposa, madre y abuela, estoy agradecida por la libertad que tengo para orar abiertamente por mi familia, leer la Biblia sin temor, y defender mi fe. Y así como nuestro país marca su día de libertad en la historia, tú tienes tu propio día de independencia, aquel momento en el cual te convertiste en seguidora de Cristo. ¡Es algo que debes proclamar! Jesús vino para que tú pudieras ser libre. No me refiero a la libertad política, ni siquiera a las libertades personales que gozas, sino a la libertad del pecado. Sea lo que sea que te depare la vida, recuerda que en Cristo tienes libertad.

*Jesús ¡celebro mi día de independencia! Tú me sacaste del yugo del pecado y me trajiste a la libertad de la gracia y la fe. Me inclino ante tu misericordia que me inspira a tener un mayor sentido de lealtad y gratitud.*

# La importancia de las prioridades

¿Crees que las prioridades son para gente aburrida? Pues bien, espero poder convencerte de lo contrario. Para empezar, considera nada más tres prioridades y mira qué sucede. Dios: ¿qué libro de la Biblia te gustaría leer o estudiar mejor? Familia: ¿qué servicio específico ofrecerás a tu esposo, a tus hijos, a tus familiares, a tus amigos? Tú misma: ¿qué aspecto de tu vida necesita atención, corrección y transformación? Planea hacer cambios hoy, por pequeños que parezcan. Filipenses 3:12-13 tiene una declaración que puede motivarte: "sigo adelante esperando alcanzar aquello para lo cual Cristo Jesús me alcanzó a mí. Hermanos, no pienso que yo mismo lo haya logrado ya. Más bien, una cosa hago: olvidando lo que queda atrás y esforzándome por alcanzar lo que está delante". ¡Te esperan grandes días, amiga mía!

*Dios, tus prioridades me llenan de gozo, sueños y dirección. ¿Qué puede ser más emocionante? Tus esperanzas para mí son más profundas que el mar y más altas que las estrellas. Permíteme experimentar la aventura de vivir, hoy y mañana, tu voluntad perfecta para mí.*

# Felices para siempre

Conocí a mi esposo Jim el día de san Valentín. ¡Y nos casamos en junio! ¿Habrá algo más cercano al lema de "fueron felices para siempre"? Sin embargo, empezamos nuestro matrimonio sin Dios. Discutíamos. Nos entregábamos a causas diversas, amigos, entretenimiento, toda clase de distracciones. Y tuvimos dos hijas, pero eso no llenó nuestro vacío. Pasaron ocho años antes de convertirnos en una familia cuya cabeza es Jesucristo. Fue entonces cuando empecé a cultivar el hábito que me hizo feliz para siempre: leer la Biblia diariamente. Marcaba cada pasaje que me hablaba a mí como mujer. Y Dios obró en mí una transformación de la que aún me asombro. ¡Mateo 20:28 es el secreto! Jesús dijo: "el Hijo del hombre no vino para que le sirvan, sino para servir". El gozo eterno empieza cuando amas y sirves al Señor y a tu familia.

*Jesús, cuando estoy cansada, enojada, ocupada o preocupada por los niños, tu gracia y tu amor incondicional me recuerdan que debo volver a tu Palabra. Ahonda mi deseo de ser una sierva para que pueda experimentar el gozo eterno y verdadero.*

# Una sonrisa y un abrazo

Nada sucede sin esfuerzo, incluyendo un buen matrimonio y una vida familiar admirable. Toma una agenda apretada, niños, padres ancianos, una gran dosis de desgaste, y tienes la difícil combinación que enfrentan la mayoría de matrimonios. ¿Qué vas a hacer al respecto? Proverbios 21:5 dice: "los planes bien pensados: ¡pura ganancia!". Es algo que requiere esfuerzo, pero vale la pena. Planea la forma de animar hoy a tu esposo. Haz que se sienta especial. Recuérdale que le amas. Pide a los niños que te ayuden también a demostrar aprecio y reconocimiento por su trabajo duro y su amor de padre. Una sonrisa y un abrazo obran maravillas.

Si estás pensando *¿y qué de mí?* Pues bien, alguno de los dos tiene que empezar, ¿por qué *no tú?* Planea una cena especial, tiempo a solas, una cita nocturna con regularidad. Celebra el amor que los une.

*Dios, dirige mi atención hacia mi esposo. Permíteme honrarlo y apreciarlo demostrándole mi amor y mi gratitud. Quiero ser diligente en edificar su vida, nuestro matrimonio y nuestra familia.*

# Desequilibrio

¿Eres feliz? Puede ser peligroso hacerle esta pregunta a una mujer. ¿Por qué? Porque con frecuencia nuestra vida está en desequilibrio y nuestras emociones y estabilidad también están fuera de control. Esto sucede cuando no comprendemos las prioridades de Dios. Pero tengo buenas noticias para ti. ¡Es posible tener una vida mejor!

Mateo 6:33 te anima a buscar "primeramente el reino de Dios y su justicia, y todas estas cosas [te] serán añadidas". Cuando Dios es tu prioridad, el tiempo que dedicas a tu esposo, a tus hijos y a otros ocupa su lugar. Haz del tiempo con Dios una necesidad. Segunda de Pedro 3:18 lo llama "[crecer] en la gracia y en el conocimiento de nuestro Señor y Salvador Jesucristo". ¡Tu tiempo *es* tu vida! Ahora bien, ¿cómo quieres usarlo?

*Señor, tú eres mi Pastor fiel. Tú me conduces
a prioridades buenas y correctas. Enséñame
lo que es importante y muéstrame el camino
que debo seguir. Quiero que mi tiempo sea
importante y valioso, y que te glorifique.*

# *Autodisciplina*

¿Te pone nerviosa la idea de ejercer *autodisciplina*? Analicemos la idea desde la perspectiva de Dios. Su Palabra nos desafía y nos anima en esta importante área de la vida. Te alegrará hablar de autodisciplina con tus hijos, te lo garantizo. Por ejemplo, piensa en cuántos líos te metes por cuenta de tu boca. "El que refrena su boca y su lengua se libra de muchas angustias" (Pr. 21:23). ¿Y qué del contentamiento? Proverbios 30:8 dice: "no me des pobreza ni riquezas sino sólo el pan de cada día". Conténtate con "lo suficiente". En 2 Pedro 1:5-7 leemos: "esfuércense por añadir a su fe, virtud; a su virtud, entendimiento; al entendimiento, dominio propio; al dominio propio, constancia; a la constancia, devoción a Dios; a la devoción a Dios, afecto fraternal; y al afecto fraternal, amor". Controlar tus acciones y reacciones no tiene que ver con reglas, ¡tiene que ver con amor!

*Dios, dame anhelo por tener autodisciplina. Que pueda actuar con mis hijos, con otros, y frente a mis circunstancias de tal manera que refleje esta virtud y pueda así alcanzar contentamiento, justicia y piedad.*

# ¡Persevera!

Para el inventor Thomas Edison, el primer paso para avanzar en sus proyectos era anunciar sus planes. Luego iba a su laboratorio y convertía su anuncio en una realidad. Esa es la manera de lograr resultados: dar a conocer tus intenciones y luego pedir a alguien que te ayude a lanzarte a la acción. Puede ser una amiga cristiana, una consejera, una persona de confianza. Incluso tu esposo y tus hijos pueden alentar tu éxito.

¿Quieres ser una mujer más diligente en la oración? ¿Necesitas dedicar más tiempo a la Palabra de Dios? ¿Necesitas ser más saludable? Busca a alguien que te ayude a avanzar. Que puedas rendirle cuentas de tu avance hacia la meta. Y persevera. ¡Persevera! Proverbios 28:20 promete que si somos fieles seremos bendecidas.

*Señor, quiero que mis buenas intenciones
conduzcan a una vida piadosa. Dame la
perseverancia y la fortaleza para cumplir lo que
me he propuesto. Ayúdame a ser un ejemplo
para mi familia de lo que significa cumplir
mi palabra y vivir conforme a tu Palabra.*

# ¡Resiste, madre!

¿Has pasado un día llevando niños de un lado a otro y aplicando tiempos fuera? ¿De revisar tareas y cerciorarte del cumplimiento de todas las labores? Si es así, recordarte que tus hijos son una bendición de Dios tal vez no sea lo que debas oír en este momento. O ¿tal vez *sí*? El Salmo 127:3 dice: "Los hijos son una herencia del Señor, los frutos del vientre son una recompensa". El versículo está expresado como una gran exclamación. Los hijos son una bendición, y la maternidad es un privilegio. Dejando a un lado la realidad de un mal día, ¿cómo te sientes respecto a tus hijos? ¿Los valoras? Supongo que así es. A veces simplemente necesitas un pequeño recordatorio. Tus hijos han sido creados a imagen de Dios. Y tú tienes el privilegio de enseñarles, instruirles, amarlos, y valorarlos. Quiero animarte en los días buenos y malos porque, como madre que ama y cuida a sus hijos, estás en el centro mismo de la voluntad perfecta de Dios.

*Padre celestial, cuando me pregunto cómo puedo lograrlo, tú me recuerdas que debo buscarte para tener la perspectiva correcta, la paciencia y la capacidad de amar y valorar a mis hijos.*

# Palabras que glorifican a Dios

¿Qué piensan de Dios, por causa de *ti*, las personas con las que trabajas? Esta es una de esas preguntas dolorosas, ¿no es así? La verdad es que cuando se enteran de que eres cristiana, las expectativas son más elevadas. ¿Qué piensan de Dios tus vecinos, los miembros de tu comunidad y los amigos de tus hijos? A propósito, ¿qué piensan tus *hijos* acerca de Dios?

"Sean, pues, aceptables ante ti mis palabras y mis pensamientos, oh Señor, roca mía y redentor mío" (Sal. 19:14). ¿Son palabras amables? ¿Glorifican a Dios? Filipenses 4:8 nos enseña a pensar en todo lo verdadero, todo lo respetable, todo lo justo, todo lo puro, todo lo amable, todo lo digno de admiración, en fin, todo lo que sea excelente o merezca elogio. ¿Por qué? Porque lo que piensas se hará evidente en tu conducta y en tus palabras. Mantén íntegra la fe en tu corazón, y el fruto de tu vida glorificará y servirá al Señor.

*Dios, quiero que mis palabras reflejen tu luz a otros. Dame la sabiduría para inspirar, animar, aconsejar, servir y edificar a mi familia y a otros así como también te sirvo y te alabo.*

# 54

## La voluntad de amar

Con frecuencia, el amor se malinterpreta. No es tan sentimental como nos gustaría pintarlo. En realidad es una decisión, un acto de tu voluntad. Como cuando estás a punto de salir de la oficina y llama un cliente con un problema. O acabas de pasar el día entero cuidando a tus padres ancianos y tu hija está deprimida por una cita fallida. No es precisamente un buen momento para dedicar a alguien. No obstante, es ahí cuando estás llamada a poner a funcionar tu voluntad y a demostrar amor al prójimo. El amor cristiano, que es la clase de amor divino, es un esfuerzo deliberado, y Dios te da la gracia para hacerlo realidad, empezando por tu misma casa. Juan 3:16 te recuerda el más grande acto de amor: "Porque tanto amó Dios al mundo, que dio a su Hijo unigénito". Este amor excedió todas las expectativas humanas. No fue la expresión de una emoción, ¡sino un acto de la voluntad de Dios!

*Dios, tú eres la fuente de amor. Cuando estoy demasiado cansada, agitada o enfocada en mí misma para expresar amabilidad y compasión a mi familia, tanto a los mayores como a los pequeños, tu Palabra y tu guía me conducen de nuevo a la prioridad del amor. Siempre amor.*

# Un cambio para bien

Te guste o no, el cambio es inevitable. Come todo el tofu que quieras. Haz ejercicio, bebe mucha agua. Abstente de cafeína. Pero lo sorprendente es que el factor común en una investigación en personas mayores demostró que la longevidad no dependía de lo que comían o bebían, sino de su capacidad de adaptación. El grupo que vivió más tiempo lo logró porque pudo cambiar cuando enfrentó una nueva etapa en la vida, la muerte del cónyuge, o el cambio de ambiente. Eres parte de un mundo cambiante. Los trabajos cambian. Los hijos se van. Y a veces regresan. Las transiciones suceden una y otra vez. La buena noticia es que cuando Dios viene a tu corazón te da un espíritu nuevo. Todo cambia para bien. Por fuera, las circunstancias pueden no ser las mejores, pero por dentro… eres transformada.

*Señor, quiero vivir como una mujer verdaderamente transformada. Permíteme ver el cambio como una oportunidad para depender de ti y confiar únicamente en tu fortaleza. ¡Elimina mi necesidad de saberlo todo! Confío en ti, Señor.*

# Un gran día, ¿o no?

Aun cuando planificas, programas y controlas todo, la vida real no siempre se desarrolla con la calma que esperas, ¿no es así? Alguien se enoja contigo, el auto se descompone, estás en una reunión y llaman de la escuela porque tu hijo está enfermo, te enteras de que tu madre se ha caído y lastimado, y la lista sigue.

Gálatas 5:22-23 dice: "el fruto del Espíritu es amor, alegría, paz, paciencia, amabilidad, bondad, fidelidad, humildad y dominio propio". Como creyente en Cristo, cuentas con la paciencia como fruto del Espíritu. Que este versículo traiga consuelo y sea un recordatorio en tus relaciones personales, cuando procuras mantener tu hogar unido, organizar tu día de trabajo, al igual que todas las demás responsabilidades que tienes como mujer. Colosenses 3:12 dice: "revístanse de… paciencia". ¡Es la mejor moda *espiritual*!

*Jesús, quiero llevar bien puesta mi fe. Concédeme paciencia para criar a mis hijos, animar a mi esposo, brindar un oído atento y tener un corazón dispuesto.*

## ¿A quién sirves?

Hay *tiempo* para todo, pero ¿qué quieres lograr exactamente? El secreto es quitar del camino las cosas triviales. Y no es tarea fácil. Me encanta la vehemencia con la que habló el apóstol Pablo en Hechos 27:23: "del Dios a quien pertenezco y a quien sirvo". ¿A quién sirves? Como mujer con una misión, empieza por considerar seriamente y en oración el valor de todo lo que haces en tu lista, y el mejor momento para hacerlo. Como madre, siempre tendrás montones de actividades, pero hasta que sopeses el valor de cada una estarás simplemente cumpliendo tareas. Haz este cambio en tu forma de vivir el día, y te garantizo que tu agenda cambiará en gran manera. Descubrirás el propósito de Dios para los "preciosos minutos" de tu vida.

*Señor, dame una visión de lo que debo llevar a cabo. Limita las tareas innecesarias para que pueda discernir lo que es importante ante tus ojos.*

# ¿Qué dice tu casa?

¿No te parecería maravilloso que tu casa tuviera el ambiente lujoso de un hotel de cinco estrellas? Claro, sé muy bien que vives en el mundo real, *no* en una habitación presidencial. Pero ¿qué pasaría si transformaras tu casa en algo más que un lugar donde dejas maletas, alistas una merienda y te cambias de ropa antes de proseguir con la siguiente actividad? No me refiero a la casa perfecta, solo un poco más de cuidado amoroso que diga "¡eres especial!".

Mira tu casa con nuevos ojos y con un corazón de sierva. Recorre cada habitación y asegúrate de que allí se respire un ambiente "acogedor". Ora por la persona que duerme allí. Añade un toque especial que comunique interés y aprecio a tu esposo, tu hijo, tu hija o tu invitado. Ellos percibirán, con toda claridad, que son amados.

*Padre, abre mis ojos para ver mi casa como tú la ves, un lugar para servir, amar y edificar a otros. Este es un espacio físico para extender tu gracia espiritual. Recuérdame esta verdad cada día a fin de que pueda deleitarme en el don de convertir una casa en un hogar.*

# Diez claves para un matrimonio mejor

¿No te gustaría conocer diez claves para tener un matrimonio mejor? ¡Aquí van! Una: *trabajar en equipo*. Eso significa liderar *y* seguir. Dos: *comunicarse*. Esto requiere práctica. Tres: *disfrutar de la intimidad*. El propósito de Dios es que ustedes se unan y se vuelvan uno solo. Cuatro: *administrar el dinero*. El contentamiento es el primer paso en esa dirección. Cinco: *cuidar la casa*. Hay detalles que mantienen una casa organizada y en paz. Seis: *criar a los hijos*. Aprendan lo que enseña la Biblia y concuerden en un plan para ponerlo en práctica. Siete: *sacar tiempo para divertirse*. Rían juntos. Ocho: *servir al Señor*. ¡Prepárense para un aventura de fe! Nueve: *servir a otros*. Busca oportunidades para ayudar. Y diez: *crecer en el Señor*. Lo que más influye en tu matrimonio es tu crecimiento espiritual y el de tu esposo. Mateo 19:6 es un desafío: "lo que Dios ha unido, que no lo separe el hombre". ¡Amén!

*Señor, muéstrame cómo mi esposo y yo podemos ser una pareja de fe y fidelidad en el servicio gozoso y comprometido a ti, a nuestra familia, el uno al otro y a los demás.*

# *La crianza de los hijos*

Veamos… ¿qué está mal en *esta* imagen? Has visto padres que parecen indiferentes ante el comportamiento de sus hijos. Sin embargo, Proverbios 23:13 dice: "No dejes de disciplinar al joven". En lo que respecta a la crianza de los hijos, enseñar, entrenar, instruir y corregir es un desafío para toda la vida. Y si no lo hacemos, Proverbios 29:15 revela el resultado: "el hijo malcriado avergüenza a su madre". Dañas a tus hijos cuando fallas en corregirlos y orientarlos. Los sentencias a una vida de emociones descontroladas y a todas las consecuencias que esto acarrea. Cuando disciplinas a tus hijos desde pequeños, les estás proporcionando sabiduría que perdura, límites, entrenamiento y habilidades. Hazlo con fidelidad y constancia, con un corazón de amor.

*Dios, tú has visto cuando he hecho concesiones
en lugar de disciplinar a mi hijo. Por amor
a mis hijos fortalece mi determinación a no
abandonar su crianza en tus caminos, Señor.*

# Enseña a tus hijos

Ser padres es una gran responsabilidad. ¡Puede ser aterrador! Especialmente cuando llegas a casa por primera vez con tu recién nacido. O cuando apenas reconoces a tu adolescente. ¡Pero tú eres perfectamente capaz! Y la gran noticia es que tú y tu esposo no tienen que hacerlo solos. El Salmo 46:1 declara que "Dios es nuestro amparo y nuestra fortaleza". Aprovecha cada oportunidad para enseñar a tus hijos acerca de Dios. Deuteronomio 6:7 te exhorta a enseñarles con diligencia cuando te sientas en tu casa, cuando caminas, cuando te acuestas, y cuando te levantas.

Vive lo que crees. Y sé una madre que ama de forma positiva. Colosenses 3:21 dice: "Padres, no exasperen a sus hijos, no sea que se desanimen". Lo más importante es recordar que tu instrucción fiel sienta las bases para que tu hijo acepte a Cristo. "Desde tu niñez… las Sagradas Escrituras… pueden darte la sabiduría necesaria para la salvación mediante la fe en Cristo Jesús" (2 Ti. 3:15).

*Dios, dependo de ti cada día para tener el conocimiento, la energía y la convicción para criar a mis hijos. Aguardo ansiosa el día en que mi hijo llegue a reconocerte como Padre celestial.*

# Madre: un modelo que no tiene precio

¿Qué debe hacer una madre? ¡Hablar al Señor acerca de sus hijos! Derrama tu corazón delante de Él. Cuéntale tus temores. Pide la ayuda y la sabiduría de Dios, porque las necesitarás. Sé una madre que ora con regularidad.

Si estás casada, comparte tus inquietudes con tu esposo. Actúen juntos, ¡dos son mejor que uno! Si eres una madre soltera, habla con otras madres cristianas que sean mayores y más sabias. No te imaginas cuán importante fue esto para mí cuando fui una madre joven. Incluso como madre casada, necesito muchísima ayuda y apoyo. Dios ha puesto muchas mujeres maravillosas en mi camino justo cuando las he necesitado. Y a medida que creces en el Señor, demuestra tu fe genuina por tus hijos. Madre, tú serás un modelo valioso para ellos.

*Señor, necesito ayuda. Por favor, muéstrame una mujer piadosa que pueda aconsejarme y recordarme que una madre conforme a tu corazón es un gran tesoro para su hijo. Guíame en mi andar para que pueda glorificarte.*

# *Una heroína silenciosa*

Tú puedes convertirte en una heroína, ¡una de los fieles de Dios! Hace poco una amiga participó en la elección del ganador de un premio nacional para una organización de ayuda voluntaria a niños maltratados. Los compañeros de una de las candidatas la describieron como "una heroína silenciosa" de los niños. Esta mujer no se propuso ser héroe. Simplemente actuó como de costumbre, e hizo lo que hacía falta. Estaba lista cuando surgía una crisis, estaba donde tenía que estar, hacía lo que tenía que hacer. Mi querida amiga madre, ¡elige ser fiel! Elige confiar en la fortaleza de Dios. Filipenses 4:13 declara: "Todo lo puedo en Cristo que me fortalece". Sé una madre que sirve a Dios siendo fiel en todo.

*Jesús, quiero ser una heroína de la fe. En primer lugar para ti y luego para mis hijos, mi familia y mi comunidad. Muéstrame cómo puedo hacer el bien. Y dame la valentía para actuar con fe.*

# Vístete bien, arréglate, mira a lo alto

Vístete bien, arréglate, mira a lo alto. ¡No es una mala receta para nosotras, amigas! *Vístete bien.* Siempre enseñé "a vestir bien" a mis hijas y a las mujeres con las que hablo sobre la apariencia personal. No de manera pretenciosa, sino apropiada. ¿Por qué no ser ejemplo de bendecir a otros con una apariencia agradable? Establece un buen ejemplo de modestia y buen gusto. *Arréglate.* ¿Qué ven los demás? ¿Alguien que no dedicó un poco de tiempo para peinarse? ¿Para verse como alguien que realmente cuida de sí misma? ¿Cómo se sienten tus hijos cuando están contigo? ¿O tu esposo? Y *mira a lo alto.* Lucas 10:27 dice que debemos amar al Señor con todo nuestro corazón, con toda nuestra alma, con toda nuestra fuerza y con toda nuestra mente. ¿Eres consciente de su presencia? Es su belleza la que reflejas en tu esfuerzo por verte bien.

Vístete bien. Arréglate. ¡Mira a lo alto!

*Señor, fijo mi mirada en ti y en mi corazón te sigo donde tú me guías. Permíteme ser ejemplo para mis hijos y para las mujeres jóvenes de lo que significa verdaderamente "vestirse para el éxito" cuando demuestro belleza interior y exterior.*

# Habla de Jesús

Mi madre rara vez hablaba de Jesús. Cuando yo era pequeña, pensaba que Él era un primo al que nunca veíamos. ¿Cuál era tu idea de Dios en tu infancia? Guía el corazón de los pequeños (y no tan pequeños) en tu familia hacia Dios. Sueles hablar de lo que es importante para ti, así que envía un mensaje claro a tus hijos hablando con frecuencia de Jesús y con Él en oración. Esto permitirá que Dios sea parte de la experiencia diaria y de las conversaciones de tu hijo. Nunca sabes cuáles semillas sembradas en la mente de un niño lo conducirán a lo largo de su vida en el Señor. Deuteronomio 6:7 refuerza este principio. Dice que debemos hablarles de Dios "cuando estés en tu casa y cuando vayas por el camino, cuando te acuestes y cuando te levantes". Creo que en general eso abarca todo, ¿no es así?

*Jesús, quiero que mis hijos sepan que tú vives con nosotros y en nosotros. Que en nuestro hogar hablemos de ti y de tu bondad en todo tiempo a fin de que mis hijos te conozcan íntimamente todos los días de su vida.*

# Diez pautas para una madre

¿**Diez** *mandamientos*? Bueno, algo así. No los que comunicó Moisés, sino 10 *pautas* especiales para ti, madre. ¡Aquí están! Enseña a tus hijos la Palabra de Dios. Enséñales lo que está bien y mal. Considéralos como regalos de Dios. Guíalos en una vida piadosa. Disciplínalos. Ámalos incondicionalmente. No los provoques a ira. Gánate su respeto mediante el ejemplo. Suple sus necesidades físicas. Incúlcales tu fe.

Nunca es demasiado temprano para empezar a entrenar a tus hijos. Así que haz algo hoy, sea lo que sea. Nadie, aparte de Dios mismo, quiere que ellos anden en los caminos de Dios más que tú. Necesitarás fortaleza, sabiduría, obediencia, amor y mucha paciencia. Dale a Dios la gloria y conságrate a la tarea cada día. Como dice Proverbios 3:6: "Reconócelo en todos tus caminos, y él allanará tus sendas". ¡Mi oración es que seas esa madre conforme al corazón de Dios!

*Dios, creo que nadie es más fiel que tú.*
*Te alabo hoy por tu amor inmutable e*
*incondicional. Revélame nuevas formas de*
*ser ejemplo de tu corazón para mis hijos.*

## Energía de sobra

¿Te has ofrecido en demasiados comités, eventos para recaudar fondos o favores para transportar a otros? ¿Estás demasiado cansada para pensar con calma? No te rindas aún, puedes tener energía de sobra. Voy a decirte cómo, qué, dónde, cuándo, ¡y quién! El secreto para tener energía radica en tu vida espiritual. Según Romanos 12:2, cuando creces en el Señor renuevas tu mente. No sé tú, pero yo puedo echar mano de eso. Ahora mismo.

Cuando lees la Biblia estás buscando la dirección y la fortaleza de Dios en cada tarea que tienes por delante. Hacer esto te infunde energía para trabajar con fuerza, propósito y entusiasmo. La verdad es que fuiste creada por Dios y para Dios. De modo que resulta lógico que obtengas tu energía *de* Dios. ¡El crecimiento es una de las metas de Dios para tu vida!

*Señor, soy demasiado joven para sentirme tan
vieja. Quiero ser una entusiasta de la vida
y de mi familia. Acudiré a ti y a tu Palabra
para ser llena de la sabiduría y de la energía
que necesito para todo lo que hago.*

# Cuenta tus días

Tal vez le hayas preguntado a varios niños qué quieren ser de mayores. Quizá más bien te hayas preguntado a ti misma lo que quieres haber logrado al final de tu vida. Esta es una buena pregunta que vale la pena plantearse en cualquier momento. En mi caso, amar y cuidar a mi familia es una prioridad urgente, y uno de los propósitos primordiales de Dios para mí. Pero además de ellos ¿a cuántas otras vidas habré ayudado? Las personas constituyen uno de los propósitos de Dios, pues al final lo único que Dios rescatará de este planeta son las almas de las personas. ¿Cómo es tu matrimonio? ¿A cuántos mujeres y niños estás aconsejando en este momento? ¿Entrenando? ¿Enseñando? ¿A cuántos más estás sirviendo, ayudando, dando y hablando de Cristo? El Salmo 90:12 dice: "Enséñanos a contar bien nuestros días, para que nuestro corazón adquiera sabiduría".

*Dios, dirige mis días de tal manera que use mi tiempo para servirte a ti y a los demás. Dame ese sentir entusiasta e ilimitado que poseen los niños. Quiero ser una mujer que cumple tu propósito, que vive conforme a tu corazón.*

## Administrar tu dinero

Hacer malabarismos con las deudas cada mes altera tu balance financiero y tu equilibrio espiritual. El problema es que, si eres seguidora de Cristo, lo que tienes no te pertenece. Le pertenece a Dios. ¿Significa esto que nunca debes gastar dinero en regalos o actividades adicionales para los niños? No. Pero sí estás llamada a administrar bien tu dinero.

Admiro mucho la mujer de Proverbios 31. Ella sabe mucho acerca de la administración del dinero. Ella "se apresta para el trabajo. Se complace en la prosperidad de sus negocios… Tiende la mano al pobre, y con ella sostiene al necesitado" (Pr. 31:17-18, 20). Es un asunto de prioridades. Las prioridades de Dios. Y es algo que como madre conforme al corazón de Dios debes inculcar a tus hijos. ¡Practiquemos, pues, lo que predicamos!

*Dios, dame una visión clara de tus prioridades. Permíteme ser disciplinada y sabia con los recursos que me has dado. Quiero enseñar a mis hijos lo que significa ser un administrador fiel de todo lo que nos confías.*

## Tu mejor traje

❧

"¡Todos los niños se lo ponen!". ¿Cuántas veces te han dicho esto tus hijos? Es tentador evitar peleas en cuestiones de moda. Pero no es un asunto trivial, madre. Asómate a cualquier salón de clases y es evidente que la pureza no es precisamente la tendencia en ropa *ni* en conducta. Este es un problema para tus hijas… *y* para tus hijos. Para criar hijos que reflejen el corazón de Dios en sus vidas es preciso subrayar la importancia del recato y el respeto propio. Hazles saber que lo que ellos dicen o hacen dará gloria o no a Dios. Has oído el dicho: "Somos como un libro abierto". Pues bien, la mujer de Proverbios 31:25 fue como el libro abierto de Dios: "está vestida de fortaleza y dignidad" (NTV). Demuestra a tus hijos lo que significa vestirse de tal manera que honren a Dios.

*Señor, ayúdame a guiar, insistir y persistir en*
*el tema del recato en la apariencia y el vestido.*
*Muéstrame una forma positiva de presentarlo*
*a mi hijo de tal modo que entienda cómo*
*la manera de vestir refleja el carácter.*

# ¡Ayuda!

"¿Por dónde se escapa el tiempo? ¿Cómo puedo manejar todos los asuntos importantes en mi vida?". ¿Estás pidiendo ayuda, amiga mía? Tienes que suplir muchas necesidades en tus horas limitadas. Tiempo con Dios. Tiempo con tu esposo. Tiempo con tus hijos. Tiempo con la familia y los amigos. Tiempo para ti misma, como si *eso* fuera a ocurrir pronto. Tiempo para lo inesperado, lo cual sin duda ocurrirá. Es decir, lo imprevisto. Tiempo para hacer compras. Tiempo para hornear, empacar, enviar. ¿Cómo puedes hacerlo todo? Hay días en los cuales es difícil siquiera pensar en ello. Pero detente y recuerda: es un asunto de prioridades. Las prioridades de Dios para tu vida. Dios debe ser tu máxima prioridad. Y todo lo demás ocupará el lugar que le corresponde.

*Dios, en tu bondad me ayudas a ordenar*
*mis prioridades cuando acudo primero*
*a ti cada día y te doy el primer lugar en*
*mis decisiones y acciones. Gracias.*

# Libertad... y disciplina

"Los niños necesitan libertad para crecer y ser niños".
Estoy totalmente de acuerdo con esta afirmación, pero crecer requiere libertad y disciplina. Y la disciplina es un término que ha perdido mucho su brillo en el vocabulario actual de la crianza infantil. Es difícil de comprender, e incluso más difícil de practicar. Sin embargo, los padres perjudican a sus hijos cuando fallan en corregirlos y orientarlos.

Proverbios 3:12 dice: "Porque el Señor disciplina a los que ama, como corrige un padre a su hijo querido". Madre, Dios te dice: "Disciplina a tus hijos, disciplínalos desde pequeños, disciplínalos de manera fiel y constante, y disciplínalos movida por un corazón de amor". Da por descontado que tu hijo protestará, llorará, discutirá y se molestará. ¿Y qué? Como dijo Salomón, aunque llore "no se morirá" (23:13).

*Señor, dame tu perspectiva de lo que mi hijo*
*necesita. Quiero dar a mis hijos un futuro*
*maravilloso en ti, un futuro que empieza ahora*
*mismo y que exige diligencia de mi parte.*

# 73

## ¿De qué trata todo esto?

Si eres madre, difícilmente la pereza forma parte de tu vida. Estás corriendo, luchando, moderando, descubriendo, arreglando, llorando, riendo. Anímate, y acepta el llamado de Dios para ti. Aprovecha cada oportunidad para enseñar a tus hijos acerca de Dios y para criarlos conforme a sus prioridades y principios. Haz tu mejor esfuerzo y confía a Dios los resultados. Practica lo que enseñas. Eso es lo que significa ser madre.

Colosenses 3:21 dice: "no exasperen a sus hijos". Y recuerda, tu instrucción fiel establece el fundamento para la salvación de tu hijo. La Biblia dice que debes enseñar a tus hijos la Palabra de Dios, sus preceptos y sus valores. Y debes hacerlo *con diligencia*. ¿Qué podría ser mejor que ver a tu hijo aceptar al Salvador?

*Jesús, dame una visión clara de cómo invertir de todo corazón en mi hijo con la perseverancia y la esperanza de una madre piadosa. ¡Que esta sea su herencia!*

# La vida es breve

El tiempo vuela. Nunca es esto más evidente que cuando miras a tu hijo crecer. La Biblia dice que la vida es breve. Es como vapor. Una sombra. ¡Sencillamente no hay garantías! Por eso necesitas invertir todo tu ser cada día de 24 horas amando a tu familia, ayudando a tantas personas como puedas, y dando tanto como sea posible. Tu hogar, tu ministerio, tu trabajo, tus *minutos*, deben ser saboreados y usados con sabiduría y plenamente. Una madre sabia no quiere desperdiciar el tiempo precioso que tiene con sus hijos. En el libro de Proverbios aprendes que los necios malgastan, despilfarran y desperdician su tiempo y sus vidas. Tú fuiste hecha por Dios y para Dios. Él tiene un propósito para ti. Y eso debe darte nuevas fuerzas, y una nueva dirección. Acoge el plan y el propósito de Dios para tu vida.

*Señor, con tu fortaleza, dirección y gracia, estoy creando recuerdos para toda la vida. Me dispongo a crear el mejor hogar y el mejor futuro para mis hijos. ¡Que no desperdicie ni un segundo!*

# No sentirse amada

Más de un billón de tarjetas de san Valentín se intercambian cada año. Y aun así muchas madres no se sienten amadas. Por desdicha, muchas veces el amor es algo que se entiende mal. Es fácil confundirlo con atracción física hacia el cónyuge o halagos generosos por parte de hijos o amigos. No obstante, esto puede darse en ausencia de sentimientos de amor o afecto sinceros. La clase de amor que tiene Dios es tan diferente de esto como el día de la noche. La clase de amor que Dios ofrece no es egoísta, condicional, ni busca lo suyo, sino que se dirige a otros. La Biblia dice en 1 Corintios 13:8 que "el amor jamás se extingue". Sin embargo, el amor requiere un acto de la voluntad. Tuya es la elección de amar a tu prójimo, a tu esposo, a tus hijos, a tus enemigos. Examina tu corazón. ¿Hay evidencia abundante del amor de Dios?

*Señor, debo ser sincera. A veces no me siento amada. Y a veces baso mi valor en versiones falsas del amor. Concédeme un corazón generoso que ame a otros sin condiciones ni expectativas… empezando por mi propio hogar. Concédeme un corazón como el tuyo, Señor.*

# Un principio para la paz

Si te has visto lloriqueando igual que tus hijos, tienes un verdadero problema, amiga mía. Es fácil caer en el hábito de la queja. Estoy muy agradecida con la mujer que me enseñó este "principio para la paz": "La esposa y madre debe ser el termostato de la casa, no el termómetro". Te guste o no, tú eres quien define y mantiene la atmósfera bajo tu techo. Si tus emociones fluctúan, tu familia lo percibe. Tú puedes ser una bendición para tu esposo y tus hijos manteniendo un hogar en paz. Pide a Dios que su gracia gobierne tu corazón y tu mente, y verás cambios muy positivos. Juan 14:27 se vería muy bien en un cuadro para decorar tu casa: "La paz les dejo; mi paz les doy".

*Señor, hoy cambio mi queja por tu gozo puro. ¡Eso es lo que quiero! Dame una paz constante para que mi familia encuentre en la casa un refugio de paz, seguridad y amor.*

# El propósito de Dios

Puedes tener un sistema de posicionamiento global y aun así no saber a dónde vas. Me refiero a tu vida. Por suerte, Dios tiene un propósito especial para ti. Si le llamas Señor y Salvador, ya tiene un plan que es conocido. Romanos 8:29 dice que fuiste hecha para ser conforme a su imagen. Si eres casada, el propósito de Dios para ti es que ames y respetes a tu esposo. Si eres madre, su propósito para ti es cuidar de tus hijos y formarlos espiritualmente. Y en todo tiempo su propósito para ti es que seas su testigo. Ora para tener una visión del propósito de Dios. Entiende su plan especial para ti. Así nunca te extraviarás.

*Dios, ansío que mi vida tenga propósito. Te pido dirección y convicción. Me emociona llevar a cabo tu propósito para mí como madre, esposa y mujer de fe.*

# El cambio te conviene

Si tu vida está plagada de aburrimiento, entonces este es tu día para recibir el don del cambio. Cuando te adaptas a nuevas personas, nuevas ideas, un nuevo ministerio o un nuevo llamado, es útil fijar tu mirada en el futuro de Dios. La vida tiene muchas etapas diferentes, y como compañera en el matrimonio y en la crianza de los hijos, tienes que adaptarte. Tus pequeños no se quedan así por mucho tiempo. Tus adolescentes crecerán y superarán esa etapa. ¡Vaya! Dios se especializa en la transformación. En 2 Corintios 5:17 leemos: "Por lo tanto, si alguno está en Cristo, es una nueva creación. ¡Lo viejo ha pasado, ha llegado ya lo nuevo!". Dios no te ha prometido una vida sin cambios. Él promete un nuevo corazón, un nuevo espíritu. ¡Gózate en el extraordinario don de la posibilidad!

*Señor, cuando me conformo con menos de lo que tú tienes para mí y para mi familia, dame tal convicción que abra mis ojos al don de los comienzos, los cambios y las posibilidades que nacen de tu voluntad.*

# Oración deliberada

"Yo no necesito un tiempo diario de oración. Con dos niños pequeños, vivo en un estado permanente de oración, que suele empezar con un '¡Señor, ayúdame!'". Lo entiendo perfectamente, y apuesto a que tú también. Sin embargo, te garantizo que tu vida y tu maternidad se desarrollarán más armoniosamente si tienes a diario un tiempo de oración. Esto da descanso a tu alma, conforta tu espíritu y te brinda la ayuda que necesitas.

Este tiempo de oración programado no tiene que ser largo, pero sí una cita específica dentro de tu apretada agenda. Es un privilegio orar por otros, orar por el pueblo de Dios alrededor del mundo. Y así junto con el salmista podrás declarar con confianza el Salmo 66:19: "pero Dios sí me ha escuchado, ha atendido a la voz de mi plegaria".

*Amado Señor, acudiré a ti cada día con el propósito de ofrecerte mi oración y mi alabanza. Quiero tener un diálogo constante, asiduo y victorioso contigo, Dios. Tú me sustentas. Tú me conoces. Tú me escuchas.*

# *Tu batería espiritual*

Toda madre experimenta algunos días especialmente largos. Y hay algunas etapas del desarrollo de los hijos que son particularmente agotadoras. Reponerse un poco nunca sobra. Especialmente si eres madre de niños pequeños. ¡El ajetreo no para! Me alegra y es motivo de gratitud saber que las iglesias empiezan a dar prioridad a las madres para organizar grupos de estudio bíblico y servicios de guardería. Esto ayuda a que las atareadas madres tengan un descanso. Y sea cual sea la edad o la etapa de la vida, el crecimiento espiritual es importante.

El Salmo 51:12 ofrece una estrategia reconfortante para clamar al Señor: "Devuélveme la alegría de tu salvación; que un espíritu obediente me sostenga". Clama a Dios para pedir su gozo y generosidad. Esto bendecirá y alentará no solo tu "vida de madre", sino cada aspecto de tu vida. Tendrás incluso momentos para bendecir a otros, para bendecir a tus hijos, a tu esposo.

*Lléname, Señor. Alienta mi espíritu con tu
gozo duradero. Tú eres mi fuente de fortaleza,
poder y gratitud. Buscaré una y otra vez en
tu corazón mi fuerza para cada día.*

# Pequeños cambios

No creerás lo mucho que se logra con un pequeño cambio. Y no me refiero a una alcancía con monedicas, aunque eso constituye un gran ejemplo. He escrito un libro completo acerca de "los pequeños cambios" y cómo aprender a ponerlos en práctica y convertirme en la mejor madre y esposa, la mejor mujer que puedo ser. El libro de Proverbios presenta la sabiduría que mi madre puso en práctica y me inculcó. Proverbios 9:1 dice: "La sabiduría construyó su casa". Proverbios 14:1: "La mujer sabia edifica su casa". Proverbios 24:3-4: "Con sabiduría… se llenan sus cuartos de bellos y extraordinarios tesoros". Y Proverbios 31:27: "Está atenta a la marcha de su hogar". La "casa" tiene que "edificarse" y vigilarse. Hacer esto supone un gran esfuerzo. Sin embargo, la Palabra de Dios deja claro que es vital y también posible. ¡Empieza por algo pequeño y piensa en grande!

*Señor, permíteme empezar hoy con pequeños cambios que redunden en grandes bendiciones para mi hogar. Cuando trate de hacer todo en mi capacidad limitada, recuérdame que debo dejarte formar mi vida, poco a poco, y en tu tiempo.*

# Un cambio

Una mujer que renunció como directora del ministerio femenino en su iglesia me confesó que lo había hecho porque quería poner sus prioridades en orden. Ella dijo: "He descubierto que me resulta más fácil y gratificante servir a las mujeres en la iglesia que atender las necesidades de mis hijos y de mi esposo". ¿Sabes qué le dije a esta mujer? Te felicito por reconocer la inversión de tus prioridades y por hacer un cambio.

Lo importante no es lo que piensan de ti las mujeres de la iglesia, sino lo que piensan de ti quienes viven contigo. Efesios 5:22 dice: "Esposas, sométanse a sus propios esposos como al Señor". Dios es el único a quien debes agradar y honrar. Y lo haces cuando organizas tus prioridades conforme a las suyas. Determina lo que tienes que añadir y quitar para ser una madre, una esposa y una mujer de integridad espiritual.

*Jesús, tú no me pides que corra de un lado para otro y acepte todas las obligaciones que me proponen. Me pides acudir a ti y aceptar tus prioridades. ¡Desde ahora mismo me complazco en esta manera de vivir!*

## *Criar hijos es un desafío*

"¡Mis hijos están fuera de control! Tal vez he sido demasiado tolerante con ellos". Si te has percatado de esto, entonces hay un enérgico mensaje de la Biblia para ti. Proverbios declara con vehemencia que cada padre y madre que no disciplina a sus hijos se comporta como si los odiara. Pero cuando corriges a tus hijos como debe ser, sigues los pasos de tu Padre celestial. Los hijos necesitan aprender sabiduría y entendimiento para crecer, madurar y convertirse en adultos responsables.

Perjudicas a tus hijos cuando los dejas vivir sin parámetros ni consecuencias. Ellos necesitan muchas cosas: enseñanza, entrenamiento, instrucción, disciplina. Suena como un gran desafío, ¿no es así? ¡Esto es lo que significa ser un padre o una madre conforme al corazón de Dios!

*Señor, acepto el desafío de corregir y de guiar a mis hijos. Quiero verlos crecer y convertirse en adultos íntegros y fieles. Guíame a seguir tu instrucción para ser una madre amorosa y cuidadosa.*

# La maternidad es para toda la vida

¡La maternidad es para toda la vida! Espero que estas sean buenas noticias. Ser madre significa pasar mucho tiempo de rodillas delante de Dios. Habla con el Señor acerca de tus hijos. Cuéntale tus inquietudes y sentimientos de incapacidad. Pídele ayuda y sabiduría. Proponte ser una madre que ora. Cuando yo era una joven madre me ayudó mucho tener consejeras que eran mayores y más sabias que yo. ¡Yo sí que necesité su ayuda! También necesité su gracia y su comprensión. Como las ancianas de Tito 2:3, ellas me enseñaron a amar a mis hijos.

Uno de los mayores privilegios que tendrás en la vida es conducir a tus pequeños, y grandes, a Jesús. Jesús dijo que esa es precisamente nuestra misión. En Mateo 19:14 Él dijo: "Dejen que los niños vengan a mí, y no se lo impidan, porque el reino de los cielos es de quienes son como ellos".

*Jesús, dirige mis pies, mis ojos, mis palabras,
mis pensamientos, y todo mi instinto maternal
a tu voluntad y tu propósito. Quiero guiar
a mis hijos hacia ti y hacia las recompensas
de una relación contigo que perdura toda
la vida y va hasta la eternidad.*

# ¿Cuál es el mensaje?

Algunas madres asumen los años de adolescencia de sus hijos con una perspectiva de derrota. "De todas maneras harán lo que les apetezca". Delegar a tu adolescente el poder de tomar decisiones puede calmar por un tiempo la batalla por su forma de vestir o su comportamiento, pero no es una solución duradera. Y tampoco el mensaje correcto.

¿Qué mensaje quieres transmitirles? Sea lo que sea que hagas, la belleza de Dios debe brillar a través de tus esfuerzos. Y además, como dice Mateo 5:16, que Dios sea glorificado. Que tu declaración de vida refleje las normas de Dios. Arréglate y vístete de tal manera que glorifiques a Dios y hables bien de Él. Se trata de comunicar un mensaje. Establecer un ejemplo duradero para tus hijos en cada aspecto de la vida es más importante que hacer la vida fácil en un momento determinado.

*Dios, sé que la batalla vale la pena. Las discusiones, los límites, las normas y la disciplina son mi manera de demostrar mi amor. Mi oración es que pueda evitar la solución transitoria y fácil y enfocarme en lo eterno.*

# Tu elección

Dios nunca te obliga a vivir una vida piadosa. Esa es tu elección. Tú tienes que decidir si vas a obedecer el llamado de Dios para tu vida, o no. Él no tapa tu boca para que no grites a tus hijos. Pero sí te guía tiernamente cuando lees, estudias, oras y buscas poner en práctica la Palabra de Dios en cada área de tu vida. ¿Tienes problemas de mal humor? ¿Luchas con la tentación? Proverbios 25:28 dice: "Como ciudad sin defensa y sin murallas es quien no sabe dominarse".

Consagrar tiempo a la Palabra de Dios es un acto de disciplina. Y también un acto permanente de aprendizaje y descubrimiento, y de conectarse con Dios y su dirección. ¿Cómo vas a responder a las demandas de tu vida? Te recomiendo de todo corazón que elijas acudir a Dios primero.

*Señor, tú me sostienes en medio de las tormentas, los errores y los tiempos de quebrantamiento. Responderé a todas las exigencias de la maternidad y de la vida buscando tu dirección, eligiendo siempre tu amor.*

# Un verdadero líder

Si te consideras una líder y nadie te sigue, piénsalo de nuevo. Si has de ejercer influencia sobre alguien más, si has de transmitir sabiduría de Dios a todos los que estén dispuestos a escuchar, tienes que adoptar la disciplina como parte esencial e indispensable de tu crecimiento. No puedes guiar a otros, a tus hijos, a tu familia, a tus amigos, por el camino de la justicia si tú misma no lo has recorrido.

Se requiere *auto*control antes de que tu vida sea un ejemplo que otros puedan seguir. Proverbios 8:1 dice: "¿Acaso no está llamando la sabiduría? ¿No está elevando su voz la inteligencia?". Con autodisciplina como principio directivo, podrás clamar y elevar tu voz. Y otros que son testigos oirán. Aprenderán de ti, una verdadera líder. ¡Y glorificarán a Dios contigo!

*Padre, guíame en tu sabiduría para que sea*
*una mujer piadosa influyente. Que mi familia*
*y yo, y aquellos que elijan seguir tu voluntad,*
*formemos una procesión de alabanza en tu*
*nombre. Que podamos guiar a otros a ti.*

# *El tema es la diligencia*

Diligencia. Es algo que no suscita precisamente gritos de alegría de la multitud, ¿no es así? Tal vez lo asocies con disciplina y trabajo arduo. Pero, ¿sabes qué? La diligencia es un tema crucial en la Biblia, especialmente en el libro de Proverbios. Escucha esto: "la mano de los diligentes enriquece" (10:4, RVR-60). ¿Y qué dice Proverbios 14:23? "Todo esfuerzo tiene su recompensa, pero quedarse sólo en palabras lleva a la pobreza". Terminar lo que se empieza, como ser una buena madre, precisa trabajo y perseverancia. La Biblia también nos dice que la mujer diligente se viste de fuerza de la Palabra de Dios, que recibe el fruto de sus manos, que sus propias obras la alaban en las puertas, que sus hijos se levantan y la felicitan. ¿Qué tal unos gritos de alegría para esto?

*¡Viva! Yo celebraré la diligencia, Señor. Deseo tener fortaleza y fidelidad espiritual. Como madre quiero que mis hijos me llamen bienaventurada, y quiero considerar mi fe disciplinada como una bendición.*

# Nunca será demasiado

¿Recato? ¿Pureza? ¿Qué tal simple decoro? Por desdicha, muchas madres establecen una norma demasiado baja para ellas mismas y para sus hijos. La Biblia dice en 1 Timoteo 2:9 que debes vestirte con ropa decorosa, con pudor y modestia. Observa que no dice que debas ser fea o desagradable. Recato es sencillamente lo contrario a excesivo. Esto es poco común en nuestros días, ¿no es así? Y no me refiero únicamente a los jóvenes. Proverbios 31:30 nos señala el camino correcto. La Biblia dice: "Engañoso es el encanto y pasajera la belleza; la mujer que teme al Señor es digna de alabanza". Una mujer que se enfoca en alabar a Dios, glorificándole en cada aspecto de su vida, meditará cuidadosamente en la manera de vestirse porque su corazón le dictará tanto su vestuario como su apariencia. ¿Ya he dicho demasiado? Para las madres *nunca* será demasiado.

*Padre, soy tu hija. Tendré cuidado de lo que vista, de cómo me presento delante de ti y de los demás. También enseñaré estos principios a mis hijos. Ayúdame a pensar menos en el encanto y la belleza, y más en ti.*

# Ama a tu esposo

Otra Elizabeth, Elizabeth Barrett Browning, escribió estas frases ya célebres en uno de sus poemas: "¿De qué maneras he de amarte? Ayúdame a contarlas todas". Pues bien, hablemos de unas cuantas, y enfoquémonos en tu esposo. Primero, toma la decisión de amarle. Con frecuencia, ahí comienza todo. Sin excusas, sin poner obstáculos. Hazlo nada más. Cuando elegimos amar a nuestro esposo como Dios manda, le glorificamos a Él. Y debes amarle antes que a tus hijos. Esto es algo difícil para muchas madres, pero es la prioridad que Dios ha establecido para una familia.

Amar a alguien con perseverancia y consideración puede ser difícil. Pero es nuestra elección. Permanece en la Palabra de Dios. Pídele que te ayude a amar. Que sea una prioridad para ti amar a tu esposo. ¡Y luego que sea *él* quien cuente todas las maneras en que le amas! Para tus hijos será una bendición ver el amor que demuestras a su padre.

*Dios, bendíceme de tal manera que pueda amar a mi*
*esposo con gran afecto, cuidado y respeto. Recuérdame*
*que debo nutrir nuestra relación, el fundamento*
*de la vida de nuestros hijos y de nuestro hogar.*

# Ser una madre piadosa

Tal vez dediques mucho tiempo y atención a ocupar a tus hijos en actividades constructivas, pero con demasiada frecuencia la lista queda incompleta. ¿Dónde queda asistir a la iglesia, memorizar versículos bíblicos, aprender a tener un tiempo devocional diario, orar, dar, servir a otros? Tu papel es conducir a tus pequeños al Salvador, presentarles a Jesús. Y este es un privilegio maravilloso. Eso no significa que tus hijos no deban involucrarse en otras actividades, pero no dejes que otras cosas se vuelvan prioritarias.

Amar a tus hijos y enseñarles los caminos de Dios es el llamado de toda madre piadosa. Como dice 1 Timoteo 6:12: "Pelea la buena batalla de la fe; haz tuya la vida eterna, a la que fuiste llamado y por la cual hiciste aquella admirable declaración de fe delante de muchos testigos". ¡El corazón de tus hijos está en juego!

*Señor, vengo a ti dispuesta a ser una madre piadosa, a llenarme del aliento y la visión para pelear la buena batalla de la fe por el bien de mis hijos y por su salvación.*

# Una casa modelo

La casa es el lugar donde *las personas* viven. Obvio, ¿no es así? Me gusta visitar las casas modelo. Me gusta ver el diseño y lanzar todas las críticas que quiero porque nadie vive realmente en ellas. Están organizadas como un estudio de cine, pero son la casa de nadie. No tienen corazón, ni vida, ni risas, ni penas, ni leche derramada, ni tuberías con escapes de agua. Por el contrario, en tu casa hay personas. Y Dios te ha encargado de nutrir a tu familia.

Se dice que la mujer de Proverbios 31:13 "gustosa trabaja con sus manos" en su casa. Es una labor de amor. El rey Salomón, el sabio maestro edificador de casas, escribió en Eclesiastés 9:10: "Y todo lo que te venga a la mano, hazlo con todo empeño". Así que, ¡manos a la obra a edificar tu hogar!

*Señor, cambia mi estrés por paz y mi duda*
*por fe. Quiero que mi servicio a mi familia,*
*a nuestro hogar, sea verdaderamente*
*una labor de amor. Soy bendecida.*

# Un modelo para los adolescentes

La vida de Jesús siendo joven constituye un modelo extraordinario que puedes enseñar a tus adolescentes. Cuando Jesús tenía doce años, sus padres lo encontraron en el templo, sentado con los maestros, escuchando y haciendo preguntas. Dios espera que tú y tus hijos desarrollen su mente. Te animo a que ayudes a tus hijos a desarrollar una actitud positiva hacia el aprendizaje, en la escuela y en el estudio de la Palabra de Dios. Colosenses 3:23 dice: "Hagan lo que hagan, trabajen de buena gana, como para el Señor y no como para nadie en este mundo". ¿Qué tal esta frase para decorar la habitación de un adolescente? Aprovecha cada día, cada oportunidad, para aprender y crecer. Las buenas decisiones te dan la libertad de elegir mayores oportunidades, sin importar tu edad ni la etapa de la vida en que te encuentres.

*Jesús, cuando me preocupo acerca de cómo*
*enseñar a mis hijos la sabiduría que viene*
*de ti, olvido que puede ser tan sencillo como*
*hablarles de ti y enseñarles tu historia.*

# El Señor es mi pastor

"El Señor es mi pastor". Estas palabras introductorias de consuelo son del Salmo 23 y constituyen un recordatorio del cuidado de Dios por ti. Él es tu Pastor personal que te acompañará en todas las dichas y desafíos de la vida.

Es probable que este mensaje sea justo lo que necesitas, como mujer cuyos hijos han dado la espalda al consejo, o como madre que debe criar a sus hijos sola, o que enfrenta una enfermedad grave, o que atraviesa dificultades económicas, o un matrimonio infeliz. Sea cual sea tu situación, eres una mujer amada a quien el Pastor cuida. Repite conmigo: el Señor *es* mi Pastor, y gracias a Él, nada me falta.

*Pastor mío, cuando estoy perdida tú me buscas*
*y me guías a casa. Cuando estoy herida tú me*
*consuelas. Tú suples mi necesidad más profunda,*
*la necesidad de un Salvador amoroso. Gracias.*

# Él nos conduce

Mi corazón está con cada madre, esposa, esposo, hijo, hija, o cualquiera que extrañe a alguien que sirve en el ejército. Hace poco Jim y yo acompañamos a una de nuestras hijas y a sus niños en Pearl Harbor cuando nuestro yerno fue enviado a una misión. Esos momentos de pánico e inquietud, y de despedidas, pueden ser abrumadores. Pero en esos momentos podemos buscar el consuelo de la presencia y las promesas de Dios.

Con frecuencia medito en las palabras del Salmo 23: "Junto a tranquilas aguas me conduce", o de Juan 14:27: "La paz les dejo; mi paz les doy… No se angustien ni se acobarden". Dios promete que encontrarás toda la paz que necesitas en tu corazón y en tu mente cuando Él te conduce a las aguas tranquilas de su paz, seguridad, y amor incondicional.

*Señor, tú me conduces y conoces el camino que tengo por delante incluso cuando yo no puedo ver más allá del siguiente paso. Tu paz es mi refugio.*

## Un amor extremo

La familia. Piensa cuán profundo es tu amor y tu cuidado de tu familia. Cuán consagrada estás a cada vida preciosa bajo tu techo. Como madre, tú te preocupas y luchas juntamente con tus hijos. Lo que ellos hacen afecta cada parte de tu ser. Sé cómo se siente. Es un amor y una protección extremos los de una madre por sus hijos. Tú quieres protegerlos de cualquier cosa que pueda herirlos. Lo mismo sucede con Dios, el Buen Pastor.

Jesús dijo en Juan 10:14: "Yo soy el buen pastor; conozco a mis ovejas, y ellas me conocen a mí". Es Jesús quien te guía, quien te conduce a tranquilas aguas, quien te ofrece amor, cuidado, protección. Dios te conoce. Y conoce los corazones y los propósitos para tus hijos. Él no te dejará a ti, ni a ellos, cuando el camino se pone escabroso. ¡Él te ama con un amor extremo!

*Buen Pastor, cuando tengo miedo, tú me conduces*
*a la tranquilidad y al bálsamo de tu cuidado.*
*Gracias por guiarme a mí y a mi familia, por amar*
*a quienes amo con una fuerza incomparable.*

# Establece la norma

"¡Es como si los niños hubieran tomado el mando de la casa!". Recuerdo muy bien cuando Jim y yo estábamos enredados en nuestra crianza y cómo la presión social sobre nuestras hijas amenazaba seriamente nuestra familia. Jim y yo nunca hemos sido legalistas o demasiado exigentes, pero sí establecimos normas para nuestro hogar. Jim, como cabeza de nuestra familia, era el responsable y el encargado de rendir cuentas a Dios de amar y guiarnos en la dirección correcta, la de Él.

Tanto si tienes un esposo que te guía como si no, tú tienes la obligación de dictaminar las normas de lo que ocurre en tu casa. Como dice el Salmo 23:3, Dios nos guía por sendas de justicia. Fija la norma, la norma *de Dios*, para tu familia y tu hogar.

*Dios, gracias por mostrarnos el camino para criar a nuestros hijos para que tengan integridad, fe y respeto. Cuando la crianza se vuelve algo trivial, tú guías nuestro corazón y renuevas nuestra convicción.*

# En tu cara

Quizá puedas mencionar alguna mujer en tu vida que aparentemente se goza con tus fracasos, que se deleita en provocarte. Cuando pienso en gente difícil siempre recuerdo la situación de Ana en 1 Samuel 1. La segunda esposa de su marido la maltrataba terriblemente. De hecho, esta rival de su esposo la *acosaba*. Esta "otra mujer" se mofaba de ella, se burlaba de ella porque no tenía hijos. Pero en la presencia de Dios había reposo. Después de pasar tiempo con Dios, Ana se sentía restaurada y fortalecida.

Amiga mía, ¿qué circunstancias te hacen sentir sola o que no eres amada? ¿El comportamiento difícil de un hijo? ¿Los comentarios ásperos o el juicio de otro? Sigue el ejemplo de Ana. Busca a tu verdadero amigo, Dios. Abre tu corazón a Él, que te ama sin reservas. ¡Deléitate en su amistad!

*Mi Señor, reconforta mi espíritu. A veces me siento tan desconectada, tan quebrantada… Acudo a ti como mi amigo y Salvador. Tú me ofreces descanso y restauración que perduran.*

# Necesitamos esperanza

¿Puede alguien vivir de esperanza? ¡Cuando estás frente a un futuro incierto creo que la esperanza es *justo* lo que necesitas! Esperanza que solo Dios puede dar. Tú puedes esperar en la bondad constante de Dios. El Salmo 23:6 dice: "La bondad y el amor me seguirán todos los días de mi vida". ¿Y qué es esa bondad? Son todos los atributos de Dios juntos.

¿Llevas ahora mismo una carga? Ya sea un hijo enfermo, la pérdida de un empleo, un padre anciano, un adolescente fuera de control, Dios sabe exactamente dónde estás, amiga mía. Descansa en sus maravillosas palabras en el Salmo 100:5: "Porque el Señor es bueno y su gran amor es eterno; su fidelidad permanece para siempre". Cuando necesites su fortaleza frente a toda clase de vicisitudes, Dios estará allí. ¡Aférrate a la esperanza de la promesa de la bondad y la misericordia constantes de Dios!

*Señor, me aferro a tu bondad con todas mis
fuerzas. Tu misericordia es un santuario
al que mis hijos y yo podemos acudir por
siempre. Tú, mi Señor, eres todo bondad.*

## Para tu adolescente

¡Este mensaje devocional está dedicado a tu adolescente en casa! ¿Tomarás mis palabras y se las transmitirás? Es muy importante. Tal vez ya has hablado a tu hijo acerca de la pureza. Si no, ¡hazlo, *por favor*! Me refiero a la pureza sexual. Dios dice muy claramente en su Palabra que Él desea que tú y tus hijos sean puros físicamente. En 1 Corintios 6:19-20 leemos: "su cuerpo es templo del Espíritu Santo… Ustedes no son sus propios dueños… honren con su cuerpo a Dios".

Asegúrate de que tu hijo comprenda que la pureza es más que simplemente abstenerse de sexo. También involucra lo que entra en el cuerpo, ya sea a nivel intelectual o físico. Se trata de elegir hacer lo que es correcto y agradable a Dios. Primera de Timoteo 5:22 lo dice así de simple: "Consérvate puro".

*Dios, ayúdame a cuidar mi pureza personal.*
*Y ayúdame a crear un diálogo abierto con mi*
*hijo que me permita comunicar tu sabiduría*
*de tal modo que mi hijo la oiga y la abrace.*

## *Lista de tareas para una vida nueva*

Hoy *puede* ser el primer día del resto de tu vida, ¡eso depende de ti! Y para ayudarte a seguir en la dirección correcta, he aquí tu lista de tareas. ¿Estás preparada? Empieza cada día con Dios. En la Palabra de Dios. En oración por ti misma, por tu día, por tu familia, por tu actitud, por tu caminar con Dios. Haz todo para la gloria de Dios. Esto abarca el lugar donde trabajas, las actividades con tus amigas, con tus hijos, los ministerios en los que participas. Elige vivir cada día para Cristo. Vive y anda en el Espíritu. Vive y toma las decisiones correctas. Pide a Dios que te ayude a permanecer en tu compromiso y a experimentar lo que el apóstol Pablo dijo en Filipenses 1:21: "Porque para mí el vivir es Cristo y el morir es ganancia". Dios bendecirá tu fidelidad si confías en Él. Luego síguele, ¡de todo corazón!

*Señor, vivo demasiado en el pasado. Llevo conmigo remordimientos dondequiera que voy. Estoy dispuesta a creer y a lanzarme al futuro que tienes para mí. Hoy es el primer día hacia este maravilloso viaje de esperanza, ¡y estoy emocionada!*

## Las acciones son más elocuentes que las palabras

Se ha dicho: "Poco enseñas con lo que *dices*, pero *mucho* con lo que *eres*". Para enseñar y animar a otras mujeres, incluso a tus hijas, a ser lo que Dios quiere que sean, tú tienes que ser lo que Dios quiere que seas. Estoy agradecida porque Tito 2:3-5 nos presenta el parámetro de Dios. Debemos ser reverentes en nuestra conducta, no calumniadoras. Debemos ser disciplinadas, enseñar lo bueno y aconsejar a las jóvenes a amar a sus esposos y a sus hijos. Debemos ser sensatas y puras, cuidadosas del hogar. Estas son las cualidades que tú misma debes tener, los fundamentos que debes comunicar a otros, primeramente a tus hijas.

Para llegar a ser una maestra del bien (como dice Tito 2:3) es preciso que hagas lo que estás llamada a hacer y que seas lo que estás llamada a ser. ¡Sé una madre que acepta este maravilloso llamado de Dios!

*Jesús, hazme consciente de mis acciones y de lo que estas "comunican" a mi hijo. Quiero ser una maestra buena y sabia. Que mi legado sea de honor, compasión e integridad.*

## Ama a tu esposo

¿No lamentas en ocasiones que tu vida amorosa esté apagada? Por eso las esposas cristianas debemos entender el llamado bíblico de amar a nuestros esposos. Cuando Tito 2:4 dice que amemos a nuestro marido se refiere al amor amistoso, a un amor dispuesto y determinado que se basa en el mandato de Dios y no en mérito alguno del hombre. Eso le da un giro completo al asunto, ¿no crees? Es la clase de amor que demuestras a un amigo. Amor evidente. Amor que otros notan. Amor que se demuestra en tu manera de hablar y de tratar a tu esposo. Y la forma en que hablas *de* él delante de tus hijos, amigos, y otros, revela la condición de tu corazón. Este amor activo es una decisión consciente que tú tomas. ¿Cómo amarás hoy a tu esposo?

*Dios, me sumerjo tanto en las responsabilidades*
*de la vida y en mis deberes como madre que*
*olvido demostrar a mi esposo el amor amable y*
*considerado de un amigo. Ayúdame a tratarle*
*como mi mejor amigo, con ese respeto y ternura.*

## La lección más importante

¿Aprovechas cada oportunidad para enseñar a tus hijos acerca de Jesús? Eso espero. Es determinante para sus vidas, ¡y para la tuya! Como madre, tienes muchas oportunidades a diario para sembrar hondo la Palabra de Dios en la mente y el alma de tus hijos. Es solo cuestión de aprovecharlas.

Efesios 6:4 te recuerda que debes criar a tus hijos en la disciplina e instrucción del Señor. Pero no puedes dar a tus hijos lo que no tienes. Por eso debes nutrir tu amor por la Palabra de Dios y por la sabiduría. Da a la Palabra de Dios el "primer lugar" en tu hogar. Ora con tus hijos. Léeles la Biblia. Memoricen versículos juntos. La crianza de los hijos es una tarea interminable. Y la lección más importante nunca cambia: Jesús.

*Jesús, ¿enseño tus caminos a mis hijos lo suficiente? Dame la claridad para ver cada oportunidad que tengo para enseñarles que tu amor y tu salvación es para cada uno de ellos.*

# ¿Qué es primero?

¿Cómo escoge una madre las prioridades para sus hijos? ¿Eventos escolares o eventos de la iglesia? ¿Tiempo en familia o tiempo de estudio? ¡No es fácil! Como madre, conozco bien estos dilemas. Pero una vez que estableces pautas con tus hijos, el dilema desaparece. Nosotros les recordamos continuamente a nuestras hijas que su prioridad es la familia. No me malentiendas; sí, asistimos a muchos eventos escolares. Y animamos a nuestras hijas a invitar a sus amigos a los eventos de la iglesia. Pero Jim y yo tratamos de aplicar la fórmula "bueno, mejor, lo mejor" para evaluar nuestras actividades familiares, y dimos prioridad a la familia llevándolas a la iglesia. También tuvimos nuestra buena dosis de transportarlas, llevarlas y recogerlas de toda clase de actividades tanto en la iglesia como en la escuela. Dios es tu aliado, dispuesto y capaz, para que críes a tus hijos para conocerlo, amarlo, y servirlo, y para darle a Él el primer lugar.

*Señor, permíteme comprender las prioridades cuando enseño a mis hijos acerca de lo que más importa en la vida. Ayúdame a demostrarles lo que significa edificar una vida de fe y de amor por Jesús.*

# La otra milla

Si eres madre, has recorrido "la otra milla" más de una vez, ¡hoy para ser exactos! Mateo 5:41 dice: "y a cualquiera que te obligue a llevar carga por una milla, ve con él dos" (RVR-60). Con toda seguridad esto ocurre en tu familia ¿no es así? Aceptémoslo. Tienes que ser una madre para tus hijos y hacer todo lo que esto implica, entonces ¿por qué no recorrer la otra milla y darle un toque especial? Ruth Graham convirtió el domingo en el mejor día de la semana. Siempre había una actividad o salida especial en la tarde. Era el día del Señor, un día de regocijo y un día para estar agradecidos. Haz todo lo que esté a tu alcance para que la vida sea maravillosa, gratificante y única. Esas tareas cotidianas y rutinarias, que son la primera milla, ¡constituyen grandes oportunidades para hacer más y celebrar la otra milla!

*Jesús, lléname de inspiración y despierta mi
creatividad. Quiero pensar más allá de la
rutina. Quiero dejar de conformarme con
algo menos que lo especial. Quiero ser cada
día, todos los días, una "súper mamá".*

# Gracia delante de Dios

¿Te has preguntado alguna vez qué clase de mujer escogió Dios para llamarla "bendita entre las mujeres"? ¿Para llevar en su vientre al bebé Jesús, amarle como su primogénito, educarlo en el conocimiento del Señor Dios? ¿Qué clase de mujer escogió Dios para ser la madre de su precioso Hijo Unigénito?

En Lucas 1:30-31, se apareció un ángel a María y dijo: "No tengas miedo, María; Dios te ha concedido su favor —le dijo el ángel—. Quedarás encinta y darás a luz un hijo, y le pondrás por nombre Jesús". María era joven, pobre, inexperta, y humilde. ¡Pero era obediente! Y Dios la eligió para ser la madre de Jesús. ¿Quieres hacer cosas extraordinarias para Dios? Puedes empezar por amar y obedecer al Señor.

*Jesús, hoy te digo sí. Elijo seguirte a ti y
seguir tu Palabra con un corazón obediente
y como madre, mujer e hija de Dios.*

## Llamada a enseñar

Dios te llama a enseñar lo que sabes, a transmitirlo a tus hijas, a tus nietas y a otras jóvenes que Dios trae a tu vida. ¿A quién enseñarás? ¿A las jovencitas de tu iglesia? ¿A una adolescente que conoces? ¿No crees que recibirían gustosas a una amiga más experimentada? Muchas adolescentes buscan ayuda, respuestas a las preguntas que no se atreven a formular a sus padres. Y no olvides a las estudiantes universitarias, las solteras, las recién casadas, las nuevas madres.

Dios comprendió cuán importante es la relación en el proceso de aprendizaje. No debes esconder tu fe y tu sabiduría. Hay otros que necesitan tu enseñanza, tu aliento. ¿Está dispuesto tu corazón? ¿Estás preparada? ¡Vas a hacerlo muy bien!

*Señor, muéstrame con quién debo ponerme
en contacto y cómo hacerlo. No siempre siento
que tenga algo para ofrecer. Guíame en este
importante papel y dame un deseo genuino
de animar y enseñar a otras mujeres.*

## Dar amor

En 1 Juan 4:8 leemos que "Dios es amor". Y hace un llamado a andar en amor, a amarnos los unos a los otros, a amar a tu esposo, a tus hijos, a tus vecinos, incluso a tus enemigos. ¡No se me ocurre un regalo mejor que este! ¿En qué lugar te ha puesto Dios ahora para que demuestres tu amor por medio de tus acciones? Por ejemplo, ¿cómo reaccionas frente a los niños que no quieren obedecer? ¿Frente a una relación que no es lo que tú desearías en este momento? ¿Cómo reaccionas cuando no te sientes bien? Hace falta amor, ¿no es así? Y ¿sabes qué necesitas recordar? El amor no se basa en lo que *sientes*. Antes bien, se basa en la gracia de Dios. ¡Debes *dar* amor!

*Dios, mis días abundan en oportunidades*
*para demostrar amor a otros. Ayúdame a*
*manifestar y decir a mis hijos, a mi esposo y a*
*mis amigos que estoy agradecida por ellos, que*
*me siento orgullosa de ellos, y que los amo.*

## *Aún mejor*

Es agradable que otros piensen que eres una buena persona. Sin embargo, Dios te llama a convertirte en algo más, en una mujer de carácter noble. Empieza con la Palabra de Dios. Tito 2:3 dice que debes ser "maestra del bien". Piénsalo: debes ser maestra del bien y de virtud, para otras mujeres y para los hijos. Y lo haces mediante el ejemplo, fijando una norma elevada para tu conducta. Para lograrlo, tienes que ser lo que Dios quiere que seas: reverente en tu conducta, no calumniadora, sensata y pura, y amante de tu esposo, tus hijos y tu hogar. En otras palabras, ¡una buena mujer! Se trata de la manera en que Dios quiere que vivas tu vida, las relaciones que quiere que tengas, y las cualidades de carácter que él quiere que cultives, para su gloria.

*Señor, palabras como "reverente" y "sensata"*
*casi han desaparecido del uso. Pero quiero estas*
*cualidades como mujer noble de carácter piadoso.*
*Ayúdame a seguir y exaltar tus principios, los*
*mejores de todos, para vivir, amar y creer.*

## *Un tesoro supremo*

Si posees tres Biblias pero no has abierto ninguna de ellas en mucho tiempo, en realidad no tienes la Palabra de Dios… ¡en tu corazón! Y te estás perdiendo demasiado. El Salmo 119:11 dice: "En mi corazón atesoro tus dichos para no pecar contra ti". Estas son palabras poderosas. La Biblia te guarda de pecar. También te conduce en la dirección correcta. El Salmo 119:105 dice: "Tu palabra es una lámpara a mis pies; es una luz en mi sendero". ¡Esto me parece un gran consuelo! Dondequiera que estés, madre, tienes la luz de la sabiduría de Dios que te muestra el camino. Hebreos 4:12 dice que la Biblia es viva y eficaz, y que discierne los pensamientos y las intenciones del corazón. Amiga mía, ¡la Biblia es tu mayor tesoro! La Palabra de Dios es más deseable que el oro y más dulce que la miel.

*Señor, quiero atesorar continuamente tu Palabra.*
*Necesito sus riquezas en cada aspecto de mi*
*vida. Y quiero extender a mis hijos la riqueza*
*de su sabiduría, sus promesas y su esperanza.*

# *Nunca hay tiempo suficiente*

Cuando dices que necesitas más tiempo, tal vez el problema radique en el manejo de tu vida como tal. Pues bien, tengo buenas noticias. Puedes aprender cómo administrar mejor tu vida. La verdad radica en las prioridades. No son simples opciones, sino que determinan tu vida. Por ejemplo el tiempo con Dios. ¿Qué tan prioritario es? ¿Qué hay del tiempo con tu esposo? ¿Del tiempo con tus hijos, tu familia y amigos, del trabajo que tienes que cumplir? ¿Y tiempo para ti misma? Tienes que recuperar tus fuerzas y pasar tiempo cultivando tu relación con Dios.

En 2 Pedro 3:18 leemos: "crezcan en la gracia y en el conocimiento de nuestro Señor y Salvador Jesucristo". ¿Cuáles *son* las prioridades que determinan tu uso del tiempo? Ajústalas y asegúrate de que estén en armonía con los planes de Dios para ti.

*Dios, ajusta mis prioridades para que se conformen*
*a tu voluntad para mi vida. Quiero invertir tiempo*
*y energía en actividades que importan y que sean*
*parte de tu plan perfecto. Dame la disposición para*
*soltar cualquier cosa que no sea prioritaria para ti.*

## Una vida emocionante

"Agendas, organizadores, calendarios… ¡necesito ayuda! ¡Quiero una vida más emocionante que eso!". Aunque no lo creas, una vida emocionante requiere mucha planificación. Permíteme expresarlo un poco mejor: ¡una vida emocionante *con los propósitos de Dios en mente* requiere mucha planificación! Una agenda también facilita el cumplimiento de tu propósito de servir a Dios y de agradarle con tu vida y con tu día. De igual modo, si no apartas tiempo para nutrir tu relación con Dios, no habrá una vida vigorosa, una vida emocionante.

En Hechos 27:23 Pablo habló "del Dios a quien pertenezco y a quien sirvo". Creo que eso lo condensa todo, ¿no te parece? ¿A quién perteneces? ¿A quién sirves?

*Jesús, amo a mi familia y las muchas actividades*
*en las que participamos. Pero quiero estar segura*
*de servirte con mi tiempo y mis compromisos.*
*Guíame a consagrar tiempo prioritario contigo.*
*¡Condúceme a una vida emocionante!*

## *Puedes tener más*

¿Anhelas más? ¿Más vida? ¿Más propósito? Puedes tener más si das un simple paso: empieza orando por las posibilidades que tu día ofrece. Ora por tu día, a lo largo del día y al final del día. Esta comunicación concienzuda y permanente con Dios te revelará su dirección clara. Si la practicas, serás sensible a las oportunidades o a los demás. Y no desperdiciarás en la insensatez de este mundo los preciosos minutos que Dios te da.

Si buscas Filipenses, encontrarás uno de los libros más prácticos de la Biblia. En el capítulo 3, versículo 14, Pablo dice: "sigo avanzando hacia la meta para ganar el premio que Dios ofrece mediante su llamamiento celestial en Cristo Jesús". Ora. Haz tus planes y, como exhorta 1 Corintios 14:40, "todo debe hacerse de una manera apropiada y con orden".

*Señor, revela todo lo que has dispuesto para mí en este día. Con gusto cambiaré mis ocupaciones por tu abundancia, porque busco la meta de lograr "más". Quiero empezar con más de ti en mi vida.*

# Hablar y oír

Todo padre y madre saben que, desgraciadamente, hablar y oír no son siempre sinónimos en la comunicación. ¿Ha sido esta tu experiencia? Afortunadamente, la Biblia nos ofrece un consejo experto en el tema de la comunicación. Proverbios 15:1 dice que la respuesta amable calma el enojo. Proverbios 16:24 dice que "panal de miel son las palabras amables: endulzan la vida y dan salud al cuerpo". Proverbios 10:19 dice: "El que mucho habla, mucho yerra". Vaya ¿no es esto cierto? Y Santiago 1:19 dice: "Todos deben estar listos para escuchar, y ser lentos para hablar y para enojarse". Presta mucha atención al tono de tu voz, a las palabras que usas. Proverbios 16:21 dice que "los labios convincentes promueven el saber". Aprende a comunicarte como Dios quiere, como una madre conforme a su corazón.

*Dios, adorna mi conversación con palabras alentadoras y sabias. Que lo que diga valga la pena oírse. Y dame un oído paciente para escuchar las necesidades, las penas, y las esperanzas de mi familia con una disposición tierna y amorosa.*

# *Da prioridad al matrimonio*

La mejor forma de edificar un matrimonio más piadoso y un fundamento más sólido para criar a tus hijos es crecer continuamente en el Señor. Esta es tu prioridad número uno. ¡Tu crecimiento espiritual te transformará! Y transformará tus relaciones con tus hijos y con tu esposo. Una fe nutrida producirá sabiduría para animar y escuchar a tu esposo. Durante una semana considera las siguientes sugerencias: primero, ora y pide sabiduría a Dios. Luego, ¡vuelve a orar! Respeta y honra a tu esposo. Invierte tiempo en tu matrimonio. Piensa que el matrimonio es un libro con muchos capítulos.

Da prioridad a tu matrimonio. ¡Y gózate con tu esposo! Disfruta del regalo divino del matrimonio. Es otra manera de honrar al Señor.

*Dios, aumenta mi conocimiento y mi*
*comprensión de tus caminos. Quiero extender*
*a mi esposo tu amor incondicional y atento.*
*Juntos podemos demostrar a nuestros hijos y*
*el uno al otro lo que significa tu gracia.*

# ¡Vaya Salvador!

Cuando sostienes a tu hijo ¿ves su futuro? ¿su propósito?

Jesús, el bebé de María, era el Salvador esperado por mucho tiempo. Él vino a quitar los pecados del mundo, incluso los pecados de María. En Lucas 1:47 ella dice: "mi espíritu se regocija en Dios mi Salvador". Esta madre amaba a su hijo, y ella amaba a su Salvador.

¿Necesitas un Salvador? ¿Gozas en este momento de todo el significado que encierra esta palabra, es decir, perdón de pecados, seguridad del cielo, libertad del yugo de Satanás, y una relación con Dios por medio de su Hijo? Si no, declara ya mismo a Jesús como tu Salvador. Ora: "Perdona mis pecados. Ven a mi corazón, Señor Jesús". Y ya sea que le hayas pertenecido un minuto o toda una vida, cuando abrazas la verdad del Salvador estás mirando tu futuro.

*Señor, mi amor de madre por mis hijos es milagroso
y tierno. El amor que tengo por ti, mi Salvador, es
incluso más dulce y profundo. Abrazo tu verdad
como tú abrazas mi corazón para siempre.*

# Grandes planes

¿Pueden las mujeres tenerlo todo? La mayoría quisieran exclamar "¡sí!". Pero mientras buscan tenerlo "todo", muchas pierden de vista el plan de Dios. Él tiene grandes planes para ti, sin duda. Y Él hará grandes cosas en tu vida y a través de ella. Pero aférrate a tu fundamento en Cristo. Asegúrate de que tus prioridades estén en orden en todas tus iniciativas.

Si eres una madre que trabaja, haz todo lo que esté a tu alcance para no perderte el privilegio y la oportunidad de instruir a tu hijo, tú misma, en el camino que debe seguir. Eres creativa, y puedes buscar la manera de hacer que esto suceda. No me cabe la menor duda. Cuando empiezas a sentirte culpable, resiste. Más bien pide a Dios su sabiduría, su fortaleza. Filipenses 4:6 dice: "en toda ocasión, con oración y ruego, presenten sus peticiones a Dios".

*Padre, examina mi corazón y mira si mis
metas y mis sueños son los que tú has trazado
para mí. Muéstrame cómo hacer de la crianza
de mis hijos mi prioridad y mi pasión.*

## Una zona libre de angustia

¿Has visto a esta mujer? ¡Tiene *todo* bajo control! Sin ataques. Sin azotar puertas o zapatear. Sin quejas. ¿Quién *es* esta mujer? Pues bien ¡no siempre soy yo! Pero es quien *quiero* ser. Más como Jesús. Más "bajo" control y menos "en" control. No conozco a una mujer que no luche constantemente con el estrés. Ya sea equilibrando el trabajo y la casa, niños que se portan mal, o compromisos comunitarios. Siempre hay una la lista, ¿no es así?

¿La solución? Tienes que aprender a vivir un estilo de vida piadoso en medio del remolino de tu vida. Vivir cada día y cada prueba con equilibrio, calma, cabeza fría y un corazón tranquilo. ¿Imposible? Eso parece. Pero la respuesta es mirar al Espíritu Santo, el Espíritu cuyo fruto en tu vida es bondad, mansedumbre y dominio propio.

*¡Oh, ser como tú, Jesús! Es hermoso, incluso dulce, el control y la fuerza que tú ofreces. Esta es la mujer llena de fe y libre de angustias en la que quiero convertirme. Una mujer conforme a tu corazón.*

# Enseña a tus hijas

"Me encanta ser madre. ¡Pero a veces mis hijas son un desafío que sobrepasa mi sabiduría!". Puedo comprender esto. Como madre de dos hijas, tomé muy en serio su enseñanza e instrucción.

Si tienes hijas, es importante que les enseñes a ser mujeres piadosas y a valorar un hogar piadoso. Disfruté orando con mis hijas, memorizando versículos con ellas, y yendo juntas a la iglesia. Tuvimos nuestra dosis de problemas y actitudes. Pero perseveramos, por su bien y por su futuro. ¡Y ahora tenemos yernos que lo agradecen! Proverbios 1:8 dice: "no abandones las enseñanzas de tu madre". ¿Habrá un lugar mejor para invertir tu esfuerzo y energía que en tus hijos, para que Cristo more en sus vidas y corazones?

*Dios, cuando surjan los desafíos de la crianza, que tu sabiduría me levante. Y que tu discernimiento disipe mi incertidumbre. Sembrar hoy en mis hijos la fe en Cristo es lo más importante.*

## Niños que aman y sirven

Como madre y ahora abuela, en verdad disfruto hablando con otras madres. Me gusta hablar acerca del llamado de Dios para ser una mujer piadosa y una madre amorosa. Nadie puede amar a tus hijos como tú, y para hacerlo puedes seguir estas cinco prioridades de Dios: (1) Hacer del amor a tus hijos tu mayor aspiración. (2) Buscar pautas en la Palabra de Dios para ser una madre cristiana amorosa. (3) Observar a las otras madres cristianas cuando manifiestan un amor como el de Cristo. (4) Buscar a mujeres cristianas mayores que te enseñen sus estrategias. (5) Aprender de estas mujeres.

¡No estás hecha para una maternidad aislada! Las mujeres piadosas y el Señor de gracia te ayudarán a dejar huella en el mundo aportando hijos que crezcan para amarle y servirle.

*Señor, tú me animas como madre conectándome con mujeres sabias. Tú me enseñas tus prioridades por medio de tu Palabra. Y pones en mi corazón el privilegio y la carga de criar hijos piadosos. ¡Amén!*

# ¿Quién es el número uno?

El éxito de un matrimonio es más que *encontrar* la persona correcta; es *ser* la persona correcta. ¡Esto suena personal! Es fácil olvidar el énfasis que pone Génesis 2:18 en el papel de ser la ayuda de tu esposo. Jesús dijo que Él no vino para que le sirvan, sino para servir (Mr. 10:45), y tú debes hacer lo mismo, por el bien de tu crecimiento espiritual y por el bienestar de tu esposo.

¿Y qué si *él* no practica esta enseñanza? ¡Eso no te excusa para no hacerlo! Sé que es difícil, pero confía en el Señor. En vez de discutir o pedir razones, trata de darle prioridad a tu esposo. Él es segundo solo después de Dios en tu lealtad y fidelidad, e incluso está por encima de tus hijos. ¡No es cuestión de someterse a tu esposo, es cuestión de someterse a Dios!

*Dios, hoy has traído convicción a mi corazón. Me he enfocado demasiado en mis necesidades y deseos, y he ignorado la oportunidad y la responsabilidad de servir a mi esposo. Ayúdame a cambiar hoy mi actitud y mi comportamiento por amor a ti y a mi compañero.*

# Las pequeñas bendiciones de Dios

"Los hijos pueden ser una bendición del Señor, ¡pero esta mañana mis 'pequeñas bendiciones de Dios' me hicieron dudarlo!". Recuerdo muy bien esos días. ¡Déjame decirte que es grandioso ser abuela!

La Biblia dice que tus hijos son una bendición de Dios. El Salmo 127:3 llama a los hijos una herencia del Señor, una recompensa que debe ser valorada. Son creados a imagen de Dios, y por eso son tan especiales y preciados. Tal vez te quejes y reniegues de tus pequeñas "bendiciones", ¡pero eso es precisamente lo que son! Y tú debes enseñarles, entrenarlos, amarlos y valorarlos. Pródigales tu amor. Esto tendrá un efecto maravilloso en el corazón y en la vida de tus hijos, y en el tuyo.

*Señor, soy bendecida al tener manitas que buscan las mías, pequeñas sonrisas que alegran mi mañana, pequeños espíritus que se nutren de tu amor, y pequeños recordatorios de que eres bueno, muy bueno conmigo.*

# Fundamentos de la maternidad

Fundamentos de la maternidad. ¡Volvamos a los fundamentos! No sé en qué punto de la escala de la maternidad te encuentres: hijo único o una casa llena de hijos. O quizá, como yo, has criado dos y ahora tienes nietos. Hay muchas técnicas de crianza que se han enseñado durante años, pero hay algunos valores y principios fundamentales que siempre deben tenerse en cuenta. Es útil saber y creer que los hijos son algo bueno, ¡aunque algunos días te hagan dudar de ello!

Ora por tus hijos. Y por tus nietos. Llévalos a la iglesia. Ámales. Enséñales. Deuteronomio 6:7 te insta a enseñar a tus hijos la Palabra de Dios, y a hacerlo diariamente y con diligencia. Entrénalos, guíalos, protégelos. Una vez vi un afiche que decía: "¿Qué es una madre? ¡Es una mujer que ora por sus hijos!".

*Padre, tú eres mi modelo de paternidad. Tú eres el Dador de gracia, paciencia, disciplina, sabiduría, principios, perdón y mucho más. Hoy elevo mis hijos a tu cuidado y prometo ser una madre que ora todos los días de mi vida.*

# Traza un plan

Es fácil escribir horarios, pero muy difícil cumplirlos. Independientemente de que tengas uno o cuatro hijos, puede parecer imposible cumplir un horario. Pero no olvides tener un horario para cada día, y una rutina. Será un salvavidas para ti. Empieza con lo básico: programar comidas, siestas, recreo, baños, hora de dormir. Asegúrate de que la Biblia también sea parte de la vida diaria de tus hijos. Lee un pasaje en voz alta y hagan juntos una pequeña oración. Sé lo más constante que puedas. Date tiempo mientras te ajustas a la nueva agenda. Hay muchas distracciones, y *no* tener un plan lo complica todo. Y por favor, programa un tiempo exclusivo para estudiar la Palabra de Dios. Te dará fuerzas para cumplir cualquier horario.

*Ayúdame a organizarme y a programar para mis hijos un horario y una rutina. La estabilidad, la seguridad y los buenos hábitos que establezco hoy moldearán el futuro de mi hijo.*

# Dispuesta a estar dispuesta

¡Es imposible ponerle precio a la voluntad de Dios! Ningún salario, ingreso ni los beneficios de un empleo o una carrera pueden reemplazar jamás lo que ganas con una vida conforme a la voluntad de Dios. Y la voluntad de Dios se revela en las prioridades de Dios. Nutrir tu relación con tu esposo encabeza la lista. Le sigue amar y cuidar a tus hijos. Estas son las prioridades por encima de cualquier profesión. Como mujer ocupada tienes que tomar decisiones difíciles para proteger lo que consideras importante, ¡y te felicito por ello!

El Salmo 33:11 dice: "Pero los planes del Señor quedan firmes para siempre; los designios de su mente son eternos". Son irrelevantes los deseos que te dicta la sociedad, pues como mujer conforme al corazón de Dios, tú deseas lo que Dios desea. ¡Pídele que te dé la disposición para estar dispuesta!

*Jesús, hoy busco tu consejo como madre, esposa*
*y mujer de Dios. Anhelo la claridad y la*
*pasión para andar conforme a las prioridades*
*que sé que vienen de ti. No permitas que me*
*conforme con algo menos que tu voluntad.*

# Dáselo todo a Dios

Parece que la preocupación fuera un requisito para el trabajo de ser madre, ¿no es así? Filipenses 4:6 dice: "No se inquieten por nada; más bien, en toda ocasión, con oración y ruego, presenten sus peticiones a Dios y denle gracias". Confía *todo* a Dios. ¿Todo? Suena imposible, pero es la promesa de Dios de que puedes confiar en Él, ¡y es también tu elección!

Ya sea un conflicto en el trabajo, problemas con un hijo, dificultades matrimoniales o sentimientos de enojo, puedes entregar todo a Dios y confiar en su poder para ayudarte. Esto afectará positivamente tu corazón, tu vida e indudablemente tu matrimonio. Pide a Dios que fortalezca tu fe en que Él está dispuesto a ayudarte. ¡Hónrale y glorifícale en cada circunstancia de tu vida!

*Dios, tú sabes cuán obstinada soy y cuánto
necesito tu consuelo y tu ayuda. Te entrego
todas mis preocupaciones respecto a mí misma
y a mi familia. Que tu nombre sea exaltado
cuando tu paz calme mi ansiedad.*

## *Ayuda sobrenatural*

Tienes muchísimas responsabilidades y desempeñas muchos papeles al mismo tiempo. Y si eres como la mayoría de las madres, siempre estás cansada. ¡Hace rato que superé esa etapa y *todavía* estoy cansada! Sin embargo, las palabras de Jesús en Mateo 11:28 son un bálsamo para nosotras: "Vengan a mí todos ustedes que están cansados y agobiados, y yo les daré descanso". Cuando leo y recuerdo esto entro de inmediato en un estado de reposo. La Biblia dice que cuando confías tus cargas al Señor y esperas en Él, renuevas tus fuerzas y vuelas como las águilas. Corres y no te cansas (Is. 40:31).

Tu carga no se va a aligerar pronto, pero tendrás fuerza espiritual sobrenatural de Dios que te pondrá a volar de gozo. Y querida madre, procura descansar tanto como puedas para poder disfrutar de los beneficios que tiene Dios para ti.

*Eres un gran deleite y consuelo para mí, Señor. Tú
me llamas a tu presencia para confortar mi alma
y revivir mi espíritu. Tú cambias mi cansancio
en energía renovada para hoy. ¡Gracias!*

## *Sorpréndete*

¿Tratas de evitar cosas nuevas porque temes fallar frente a tus amigos o familiares? ¿Quién dice que vas a hacerlo mal? Nunca lo sabrás a menos que te lances por la fe. ¡Podrías sorprenderte a ti misma y a los demás! Imagina dirigir aquel estudio bíblico con el que siempre has soñado. O presidir un comité. O hacer una presentación en la escuela de tus hijos. Claro, puede que te pongas nerviosa. Y es bueno estar preparada. Pero al fin de cuentas se trata de hacer el "sacrificio" de confiar para que puedas experimentar la paz y la confianza de Dios.

Isaías 9:6 llama a Dios nuestro Príncipe de paz. Imagínate que diriges un estudio bíblico o haces una presentación escolar sin una pizca de ansiedad. Dios tiene todo bajo control. Tú puedes confiarle los resultados. ¡*Eso sí* es paz para una madre conforme al corazón de Dios!

*Jesús, confío hoy en tu fortaleza para poder avanzar en un propósito sin temor y con tu paz. ¡Me emociona ser una mujer que posee la confianza de Dios!*

# El matrimonio exige tiempo y energía

✿

Como todo lo que consideras valioso, un buen matrimonio requiere tiempo y energía. Jim y yo hemos tratado de seguir el camino de Dios y su dirección como esposos y padres. Y aunque ciertamente no tenemos todas las respuestas, puedo transmitir lo que hemos aprendido. Primero de todo, trabajen como un equipo. Aprendan a comunicarse. Y al hacerlo, recuerda Proverbios 15:1: "La respuesta amable calma el enojo". Disfruten de la intimidad que tienen como pareja. Administren bien su dinero. Cuiden su casa. Enseñen a sus hijos a honrar a Dios y su Palabra. Busquen tiempo para divertirse, es muy importante. Sirvan al Señor. Sirvan a otros. Y por todos los medios, ¡busquen crecer juntos en el Señor!

*Padre, cuando busco tu guía, tú llenas mis relaciones de integridad e intimidad. Que mi esposo y yo honremos tu buen nombre al edificar un matrimonio sólido y una familia.*

## Corrección amorosa

¿Les aterroriza a las niñeras recibir una llamada tuya? Incluso cuando a otros no les preocupa el comportamiento de tus hijos, ¿te preocupa a ti? Es hora de aterrizar en el terreno firme de la enseñanza divina. Proverbios 13:24 dice que no corregir al hijo es no quererlo. Proverbios 3:12 declara: "Porque el Señor disciplina a los que ama, como corrige un padre a su hijo querido".

No rehúses corregir con amor a tus hijos. Cuando no corriges ni orientas a tus hijos, les fallas a *ellos*. Cuando dudas en disciplinar, eliges para ellos una vida de insensatez, sufrimiento, y a menudo consecuencias desastrosas. Disciplínalos desde pequeños, con fidelidad y constancia, y con un corazón amoroso. Sí, ellos protestarán, llorarán, se quejarán, ¡ya conoces todas sus tácticas! Pero no permitas que esto te disuada de cumplir el deber al que como madre has sido llamada.

*Dios, quiero criar hijos que me honren a mí, honren a su padre, y te honren a ti. No permitas que mi timidez o cansancio me impidan hacer lo que debo hacer por mi familia. Cuando otros hablen bien de mis hijos, ¡que pueda darte la gloria!*

# Sé una madre sabia

No necesitas sentar a tus hijos y tener una conversación larga y profunda para comunicarles sabiduría. Simplemente aprovecha cada pequeña oportunidad diaria para enseñarles acerca de Dios. En Deuteronomio 6:6-7, Dios dijo: "Grábate en el corazón estas palabras que hoy te mando. Incúlcaselas continuamente a tus hijos. Háblales de ellas cuando estés en tu casa y cuando vayas por el camino, cuando te acuestes y cuando te levantes".

Como madre sabia, haz tu mejor esfuerzo y confía a Dios los resultados. Y Proverbios 22:6 promete que aun en su vejez tus hijos no abandonarán el camino correcto. Asegúrate de ser ejemplo de lo que enseñas. Recuerda que tu instrucción fiel y tu manera de vivir afectan el rumbo que tus hijos toman en la vida.

*Señor, cada porción de entendimiento y de fe que comunico a mis hijos hoy es una inversión para su futuro. Ayúdame a mejorar mi conducta de modo que pueda ofrecer a mis hijos un ejemplo vivo de la sabiduría y la gracia que vienen de ti.*

## Practica lo que predicas

Yo creo que las acciones hablan más que las palabras. Y apuesto a que tus hijos piensan lo mismo. Tus hijos ocupan la primera fila observando cómo tratas a otros, cómo inviertes tu tiempo, cómo manejas las dificultades. Ellos no van a oírte predicar algo que tú no practicas. Vivir una fe genuina frente a tus hijos es clave en su actitud espiritual hacia Dios.

Tu fe auténtica proporciona un fundamento y credibilidad cuando enseñas la Palabra de Dios a tus hijos. Si quieres que ellos amen y sigan a Dios, necesitan ver que tú haces lo mismo. Proverbios 27:23 dice: "Asegúrate de saber cómo están tus rebaños; cuida mucho de tus ovejas". Como el buen Pastor que conoce y cuida a sus ovejas, tú debes conocer y cuidar a tus hijos.

*Buen Pastor, guía mis pasos para vivir conforme a tu verdad con poder e integridad. Que mis hijos vean lo que significa vivir una fe auténtica y activa.*

# Crear una herencia

Sheri es una de esas mujeres extraordinarias que hacen colchas de retazos. Y sus colchas son confeccionadas con amor y belleza. Cualquiera se sentiría orgulloso de poseer una. Pero para Sheri, lo mejor de la experiencia no son los cumplidos que recibe. No. Es la dicha que le produce compartir con su nieta su amor y su habilidad para hacer colchas. Ella recibe una doble bendición porque ahora puede ver las bellas colchas que hace su nieta. Y mientras las dos trabajan juntas en sus creaciones, hay una jovencita que aprende a amar al Señor, "igual que su abuela".

No se me ocurre una mejor metáfora de la vida y del ministerio de una madre que los bellos diseños, texturas, y la experiencia de "coser juntas" una colcha. ¿Qué legado de fe estás creando hoy para tu hijo?

*Jesús, tú dedicaste tiempo para sentarte con los niños y comunicarles tu gozo. Quiero seguir tu ejemplo para tejer un diseño de tu gracia en cada momento que comparto con mis hijos.*

# En busca de la sabiduría de Dios

En algún momento, incluso tal vez hoy, vas a enfrentar una circunstancia que nunca creíste posible, sea buena o mala. ¿Estás preparada?

Tu vida de madre es compleja y exigente. Y si eres una mujer con la "mente de Cristo" como quieren las Escrituras que seas, tú desempeñas muchos papeles que Dios te ha delegado. ¡Necesitas toda la sabiduría de Dios que puedas obtener! Proverbios 2:6 dice: "Porque el Señor da la sabiduría; conocimiento y ciencia brotan de sus labios". Y está a tu disposición. ¿La estás buscando? ¿La estás viviendo? Si hay algo en tu vida que te impide adoptar la mente de Cristo, es hora de abandonarlo.

*Señor, entrego mis pruebas en tus manos poderosas. Te necesito a ti y tu sabiduría. No puedo ver más allá de esta circunstancia, pero tú ves desde aquí hasta la eternidad. Descanso en tu sabiduría omnisciente.*

## *Asunto del corazón*

¡Las madres atareadas necesitan tener fácil acceso a la paz de Dios! Dedica tiempo hoy a meditar en Proverbios 4:23: "Por sobre todas las cosas cuida tu corazón, porque de él mana la vida". Léelo hasta que se grabe en tu corazón. Después de todo, hacer las cosas conforme a la voluntad de Dios es un asunto del corazón. Esto es cierto en cuanto a tu manera de administrar tu tiempo, tus recursos, y de criar a tus hijos.

Tu corazón abarca la mente, los pensamientos, los motivos, los deseos que determinan quién eres. Y tus acciones nacen de allí. Como madre, la tarea que Dios te ha delegado es criar hijos conforme a su corazón, hijos que busquen seguir a Dios y que puedan experimentar la salvación por medio de Jesucristo. Se trata de cumplir las instrucciones de Dios, querida madre.

*Señor, quiero que todo lo que fluya de mis*
*pensamientos y acciones sea digno de ti.*
*Guardaré tu Palabra en mi corazón y dejaré*
*que guíe mis pasos y mis decisiones como*
*madre y como mujer de verdadera fe.*

# Empieza aquí

La madurez en la fe tiene que empezar en la Palabra de Dios. Planea un tiempo que te permita enfocarte únicamente en Dios. ¿Qué te parece programar un tiempo diario para que tú y tus hijos lean una historia bíblica? Se convertirá en una aventura compartida de devoción a Dios.

¿Llevas a tus hijos a la iglesia con regularidad? Haz que sea un día ansiado por todos. Memoriza versículos con tus hijos. Esta semana memoriza Lucas 10:27: "Ama al Señor tu Dios con todo tu corazón, con todo tu ser, con todas tus fuerzas y con toda tu mente", y "ama a tu prójimo como a ti mismo".

Consagra cada mañana tu corazón y el corazón de tus hijos a Dios. Dedica tu día a Él. ¡Luego ora por tus preciosos hijos como solo tú, su madre, puede hacerlo!

*Dios, te entrego mi corazón, mi día, mis hijos, y nuestro andar en la fe. Tengo el deseo renovado de sumergirme en tu Palabra y de permanecer firme en sus verdades con gozo y fidelidad.*

# Tu mejor esfuerzo

❦

Como madre, Dios quiere que enfoques tu tiempo y energía en influir y formar el corazón de tus hijos para dirigirlos a Él y a sus propósitos.

Cualquiera que sea tu situación en casa, ya sea que tus hijos crean en Jesús o no, sean jóvenes o mayores, sin importar que su padre sea o no cristiano, o si está o no presente en sus vidas, o que hasta ahora hayas descuidado la Palabra de Dios, haz tu mejor esfuerzo.

Lo que hagas a partir de hoy y en adelante es realmente crucial. Hazlo con empeño. Si quieres que tus hijos amen a Dios y le sigan, tu corazón debe enfocarse primero en Dios, y así ellos te verán amarle y seguirle.

*Dios, en realidad todo empieza por mí,
¿no es así? Sin importar lo que suceda en la
vida, yo puedo elegir seguir tu Palabra y tu
dirección con un corazón obediente. Quiero
dar lo mejor de mí a ti y a mis hijos.*

# Una madre como tú

Dios no busca una súper mamá, sino una madre piadosa. María tenía apenas 14 años cuando fue elegida para ser el instrumento humano para traer a Jesús al mundo. ¿Pertenecía a una familia adinerada? ¿A una familia influyente? No. Entonces ¿qué la hacía apta para recibir la bendición y la confianza de Dios? La disposición de su corazón. Cuando María supo lo que iba a sucederle, respondió: "Aquí tienes a la sierva del Señor. Que él haga conmigo como me has dicho" (Lc. 1:38).

Dios obra por medio de ti, de padres y madres fieles como tú que, a pesar de los días oscuros y difíciles, andan en obediencia a Él. Pide a Dios que te ayude a inculcar tu fe y tu confianza en Él de tal manera que tus hijos puedan ser niños y niñas, jóvenes y jovencitas que le siguen. Y ora, ora… ¡y ora un poco más!

*Jesús, que sea yo. Que sea yo quien anda en*
*obediencia contigo de tal modo que la fe quede*
*grabada en mi corazón y sea evidente en mi vida.*
*Que pueda guiar a mis pequeños a tus brazos.*

# El pozo de la sabiduría

Cuando era una nueva creyente me propuse leer un capítulo diario del libro de Proverbios. Con el paso de los años, esto ha grabado en mi corazón, mi alma y mi mente las instrucciones de Dios en cuanto a cómo interactuar con mis hijos y con cada persona.

Proverbios es un pozo de sabiduría del que puedes nutrirte una y otra vez. Explora Proverbios este año. Que sea tu obsequio para ti misma. Te alimentará y animará. Recibe su instrucción. Adquiere sabiduría divina. Y ponla por obra en tu hogar. Luego, comunícala a la siguiente generación. Ayuda a tus hijos a amar y apreciar el libro de Proverbios. ¡Los capacitará para toda la vida!

*Gracias Señor por tu provisión permanente*
*e inagotable. Extraeré del pozo de sabiduría*
*de Proverbios para renovar y llenar mi*
*corazón y mi mente. Luego permite que*
*fluya de mí a los corazones de mis hijos.*

## Vívelo

¿Cómo se evidencia en tu vida y en la vida de tus hijos, esposo y amigos que eres una madre que busca el corazón y la verdad de Dios? Las Escrituras revelan las características que empezarás a adoptar, querida madre. Colosenses 3:23 dice: "Hagan lo que hagan, trabajen de buena gana, como para el Señor". Sé digna de confianza, como dice 1 Timoteo 3:11. Proverbios 31:15 habla de la mujer que "se levanta de madrugada, da de comer a su familia y asigna tareas a sus criadas". También estás llamada a hacer tu trabajo con excelencia y gozo. Y aprenderás a orar sin cesar. Me alegra que 1 Tesalonicenses 5:18 diga: "den gracias a Dios en toda situación, porque esta es su voluntad para ustedes en Cristo Jesús". Madre, estas son las cualidades que evidencian la presencia de Dios en tu vida. Da gracias a Dios y vívelo día tras día.

*Padre, tú me muestras la belleza de vivir
con y por medio de la fe. Busco tu corazón
con el fin de conocerte y mostrar quién
eres a mi familia y a mi prójimo.*

# Madre de naciones

¡Tú puedes ser una madre de naciones! ¿Suena imposible? En Génesis 17:16, Dios promete a Sara que sería "madre de naciones". Y lo fue. Su descendencia incluye los patriarcas de la fe, reyes de naciones, y Jesucristo, el Salvador del mundo. Con Cristo en tu corazón empiezas tu propio linaje de simiente piadosa. Y tu influencia continúa con tu familia y se extiende más allá de ella. ¿Cómo? Hablando en el trabajo, invitando a tus amigos y vecinos a la iglesia, contando cómo Jesús ha cambiado tu vida y cómo te ha dado fortaleza y esperanza. Oh sí, ¡tú puedes ser madre de naciones!

*Señor, me emociona saber de todos los prodigios que haces cuando una mujer se dispone a entregarte su vida. Hoy te glorifico por todo lo que haces en mí y todo lo que harás cuando se siembren semillas y se comunique la fe.*

# Compleja y exigente

La vida de una madre es compleja *y* exigente. Como mujer, se espera que manejes tu tiempo sabiamente, que cuides de tu apariencia, que elijas y prepares comida para la familia, organices sus horarios, disciplines y enseñes a los hijos, nutras tu fe, e inspires a tus hijos en su vida espiritual. Ah, ¡y que seas una esposa fantástica! ¿He olvidado algo? Tal vez estés pensando: *¡Auxilio! ¿Qué puedo hacer?*

Es un hecho que la vida es complicada. Mi esperanza y mi oración es que tú pases tiempo en la Palabra de Dios y en oración. Proverbios 2:6 dice: "Porque el Señor da la sabiduría; conocimiento y ciencia brotan de sus labios". Como mujer de Dios, necesitas cada gramo de sabiduría, de ayuda y de fortaleza que puedas obtener. ¿No te parece? ¡Vive tus atareados días con la sabiduría y el gozo de Dios!

*Dios, mi lista de tareas pendientes parece abrumadora. Dame tus prioridades. Y dame tu energía. Quiero vivir hoy con la esperanza renovada de que en tu fortaleza yo puedo hacer todo lo que es más importante.*

# Nuestros hijos e hijas

Proverbios 31 ofrece sabiduría para los padres que vale la pena consultar una y otra vez. ¿Por qué? Porque es el retrato de la enseñanza de una madre piadosa a su hijo. El versículo 1 dice: "Los dichos del rey Lemuel. Oráculo mediante el cual su madre lo instruyó". ¿Y qué le enseñó? Moral. Liderazgo. El comportamiento digno de un hombre piadoso y de un sabio líder futuro. Y encontramos la descripción detallada de la clase de mujer que debía buscar para casarse, una mujer piadosa.

Ya sea que estés criando un hijo o una hija, o ambos, debes ser una madre que enseña a tus hijos las cosas del Señor. Esto requiere tiempo, mucha energía, y perseverancia. Eso ya lo sabes. Así que primero lo primero: vive tu propia vida conforme a la voluntad de Dios. Después, ¡enseña a tus hijos e hijas cómo hacerlo!

*Dios, te alabo por el ejemplo directo y específico, y la sabiduría de Proverbios 31. El mundo ofrece muchas opiniones, pero muy pocas verdades. Necesito tu Palabra para andar en este camino de la maternidad y honrar este papel de toda la vida.*

# Un extra

Si Dios te preguntara, como al rey Salomón, "¿qué quieres que te dé?" ¿qué responderías? Salomón respondió orando: "Señor, dame sabiduría". Dijo a Dios que quería un corazón entendido para juzgar al pueblo correctamente. Quería sabiduría para discernir entre el bien y el mal. La Biblia dice que a Dios le agradó la petición de Salomón. Dios le dio a Salomón lo que pidió, ¡y más!

Dios dijo: "Pero además voy a darte riquezas, bienes y esplendor, como nunca los tuvieron los reyes que te precedieron ni los tendrán los que habrán de sucederte". ¿No te parece que nuestro Dios es asombroso al añadir un extra? Dios te pregunta hoy: "¿Qué quieres que te dé?". ¿Qué anhela tu corazón recibir de Dios? ¿Qué esperas para tus hijos?

*Señor, cuando mis peticiones son sabias y sinceras, tú multiplicas mi esperanza y mi visión de lo que puede ser. Tú sobrepasas mis sueños más audaces.*

## La vida puede ser mejor

Equilibrio. "Si tan solo hubiera más equilibrio en mi vida todo iría mucho mejor". Estoy de acuerdo. El equilibrio es una meta plausible. Pero desearlo no basta. Es crucial tener disciplina en cada área de la vida. Y en lugar de pensar en ello en términos negativos, considéralo como crecimiento espiritual, logro personal y bienestar físico. En otras palabras, una vida mejor.

A veces crecer es difícil. Sin embargo, puedes recibir consuelo en 1 Corintios 15:57, que dice: "¡Pero gracias a Dios, que nos da la victoria por medio de nuestro Señor Jesucristo!". Otros podrán ver tu vida disciplinada, lo cual puede motivarlos a cambiar. Tus hijos, tus amigos, tus vecinos y los colegas de trabajo te observan. Tú puedes ser un ejemplo que los motive. Tu vida puede tener un efecto positivo en todos aquellos que te rodean, te conocen o con quienes te encuentras.

*Jesús, tengo la victoria en tu nombre. No hay lucha, meta o búsqueda que sea demasiado grande para ti. Ayúdame a permanecer en una actitud de alabanza y oración mientras obras maravillas en mí y a través de mí. Estoy lista para experimentar la belleza de una vida equilibrada.*

## Del temor al gozo

Muchas mujeres se aburren o simplemente son infelices con su trabajo. Si te sientes así respecto a tu trabajo en casa o fuera de ella, hay algo que puedes hacer. Puedes inspirar tu vida con la renovación y el deleite en Dios. Empieza invirtiendo toda tu energía en tus actividades. O, como lo expresa Eclesiastés 9:10: "con todo empeño". ¡Tal y como lo harías para el Señor! Y no te equivoques, pues en efecto así es. Elige trabajar con un corazón gozoso, un corazón de sierva. Hallarás gozo en lo que haces si lo tomas como una labor de amor. Asume el trabajo con gozo, no con temor. Y por favor ¡créeme que sé por experiencia cuán temibles pueden ser algunos trabajos! Pero Dios te ayudará a desarrollar una actitud positiva hacia tu trabajo… y hacia tu vida. ¡Tan solo pídelo!

*Dios, dame un corazón de sierva para el trabajo que desempeño. Cuando trabajo en casa o en otro sitio, que mi actitud y diligencia reflejen mi compromiso contigo. Con tu dirección cambiaré mi temor por gozo.*

# Eres apartada

Como creyente en Jesucristo, tú eres una mujer apartada para Dios. La pregunta es: "¿Pueden los demás notarlo?". Colosenses 3:2 dice: "Concentren su atención en las cosas de arriba, no en las de la tierra".

¿Refleja tu vida que eres apartada para Dios en lo que dices y haces? ¿Y qué de tus actitudes? ¿De tu forma de vestir? ¿O de hablar a otros? Examina la manera en que tratas a tus amigos y a tu familia. Cada día comunicas a los demás lo que es importante para ti por medio de tu conducta, tus decisiones y las actividades en las que participas. No te sientas presionada a adoptar una fachada engañosa. Si en verdad eres una mujer conforme al corazón de Dios, la diferencia se notará de forma natural en tus prioridades de fe. ¡Pon tu corazón en las cosas de arriba!

*Padre, ¿que piensan de ti los demás cuando ven mi manera de vivir? Oro para que pueda servirte bien y que mi corazón se consagre a las cosas de arriba para ser tu hija fiel aquí mismo, ahora mismo.*

# La providencia de Dios

"Hoy por casualidad me encontré con Jennifer. Tiene una cirugía la próxima semana. Le dije que íbamos a orar". ¿Fue casualidad? ¡No lo creo! Dios dispone incluso de sucesos insignificantes para el bien de su pueblo. Algunos sucesos que te parecen casuales son guiados por la providencia de Dios, por su designio. La verdad es que la mano de Dios está detrás de cada suceso, incluyendo los que nos parecen coincidencia y casualidad. Si crees en un Dios soberano y en su amorosa providencia, elige considerar todos los sucesos de tu vida como la obra de Dios en ella. Busca su mano. Cree que Él obra en todo lo que encuentras y experimentas, en todo lo tocante a tu vida y a tu familia. Romanos 8:28 nos recuerda que "Dios dispone todas las cosas para el bien de quienes lo aman, los que han sido llamados de acuerdo con su propósito".

*Señor, anhelo experimentar tu amorosa soberanía*
*en los momentos especiales y en mis interacciones con*
*otros. Es emocionante comenzar cada día consciente*
*de que mi vida está en la palma de tu mano.*

# La soledad es un requisito

Si no estás pasando tiempo con Dios, la fuerza de tu ministerio con las personas será muy escasa. Es muy fácil pensar que lo importante es el tiempo que se pasa en público con personas, gente y más gente. Pero la verdad es que cuanto mayor sea la proporción de nuestro día invertido en quietud, oración, preparación y meditación, en soledad, mayor será nuestra eficacia. Un pastor me dijo: "No puedes estar con gente todo el tiempo y tener un ministerio con gente". Con frecuencia traigo a mi memoria una cita que me ayuda a tomar decisiones correctas: "Debemos no solamente rechazar lo malo, sino aquello que es bueno y placentero pero que estorba nuestra obra principal". La eficacia de tu obra para el Señor exige cierta soledad, ¡raíces que crezcan profundo en Dios!

*Jesús, tú me llamas a tiempos de quietud y reposo en tu presencia. Que pueda invertir mi esfuerzo y energía en aquellas prioridades que has puesto en mi corazón.*

## Nutrición espiritual

Si últimamente has dejado a un lado los momentos a solas con Dios, considera tu tiempo diario en la Palabra de Dios como nutrición, como algo indispensable para mantener una vida saludable. Me resulta muy fácil empezar el día programando un tiempo devocional para más tarde. ¡Pero ese más tarde no llega nunca! De repente, tengo que salir corriendo. De alguna manera dejé escapar el tiempo para la relación más importante de mi vida.

¿Te ha sucedido lo mismo? Por eso necesitas tener un horario, un tiempo programado con Dios, sientas o no deseos de hacerlo. Quizá te parezca que no tienes tiempo suficiente. Pero te diré, querida madre, que eso pasa cuando más lo necesitas. Jesús dice que si te acercas a Él, Él se acercará a ti (Stg. 4:8). ¡Qué gran promesa! Haz lo que tengas que hacer para que esto suceda, para obtener la nutrición espiritual que necesitas.

*Dios, mi tiempo contigo es esencial para mi bienestar*
*espiritual, emocional y físico. Tú eres la fuente*
*de todo lo que es bueno y verdadero. Mi hambre*
*de restauración me conduce a tu presencia.*

Tengo un consejo piadoso que no querrás olvidar. ¡Escríbelo con lápiz de labios en tu espejo! ¡Escríbelo y llévalo en tu bolso! ¡Ponlo como salvapantallas en tu computadora! *Así* de poderoso es para cambiar tu vida. Aquí está: no tomes ninguna decisión sin oración.

Es un lema que he usado con gran éxito para no apresurarme y comprometerme antes de consultar a Dios. Me guarda de vivir para agradar a las personas como dice Gálatas 1:10: "Si yo buscara agradar a otros, no sería siervo de Cristo". Rara vez tengo que preguntarme: "¿Cómo me metí en esto?", o "¿en qué estaba pensando?". Como madre ocupada, tú deseas tomar las decisiones más sabias. Te garantizo que esta norma espiritual protegerá tu tiempo, tu familia y tu propósito.

*Dios, ¿cuántas veces he enfrentado decisiones*
*lamentables? Tú quieres protegerme y*
*guiarme. Presentaré ante ti mis decisiones*
*porque quiero en todo seguir a Cristo.*

# Confianza en Dios

Cuando te presentas delante del Dios del universo es fácil cuestionar si tus pequeñas necesidades son dignas de su tiempo. Sin embargo, esas dudas existen por lo general porque cuestionas tu propio valor. Puedes echar mano de la firme confianza en Dios que viene como resultado de cultivar un corazón que ora. Es mucho mejor que la confianza en ti misma y la autoestima. La confianza en Dios viene del Espíritu Santo que obra en ti.

Cuando oras y tomas decisiones que glorifican a Dios, Él te llena de su poder. Cuando oras diariamente, experimentas la seguridad divina en cada paso que das. Y esa es la clase de confianza en Dios que fluirá de tu vida hacia otros. El Salmo 100:2 dice: "adoren al Señor con regocijo". Deléitate en hacer su voluntad con la fuerza del Espíritu Santo.

*Padre, tú me llamas a tu presencia con tanto amor.*
*Tú consideras a tus hijos como dignos y preciosos.*
*Acudiré a ti con confianza en Dios, y desempeñaré*
*mi papel de madre con ese mismo don.*

# La oración es un ministerio

Cuando tu vida se centra en cambiar pañales, la idea de que Dios te usa en un ministerio parece una locura, ¿no es así? Te preguntas *cómo* y *cuándo*. Sé exactamente lo que preguntarías porque como madre de niños pequeños afronté estas cuestiones. Pero cuando me vi cara a cara con el hecho de que la oración es un ministerio, *todo* cambió. Tomé un cuaderno y anoté los nombres del equipo pastoral de nuestra iglesia, de misioneros a quienes conocía, y de las peticiones que me comentaban. Me uní a la cadena de oración de la iglesia. Me uní a Dios en un ministerio vital de oración… ¡y ni siquiera tuve que salir de casa!

El Salmo 34:8 dice: "Prueben y vean que el Señor es bueno; dichosos los que en él se refugian". Las bendiciones que puedes recibir cuando oras son incontables. Inclina tus rodillas y tu corazón ante Dios, y cultiva un corazón que ora. Observa cómo florece un *ministerio* de oración.

*Dios, tengo un lugar en este mundo para servirte por medio de la oración. Muéstrame quién necesita mis oraciones. Transforma mi corazón para que sea el de una guerrera de oración. Estoy lista, Señor.*

## ¿Por qué este título?

Cuando hablo en conferencias para mujeres, me preguntan con frecuencia de dónde vino la inspiración para *Una mujer conforme al corazón de Dios*. La idea surgió cuando leí acerca de Samuel, quien habló a favor de Dios y reprendió a Saúl por no obedecer las instrucciones específicas de Dios. En varias ocasiones Saúl desobedeció deliberadamente a Dios. Es evidente que no fue sensible a Dios ni receptivo a su ley. Después de un acto extremo de desobediencia, Dios envió a Samuel para comunicar a Saúl este mensaje que aparece en 1 Samuel 13:14: "tu reino no será duradero. Jehová se ha buscado un varón conforme a su corazón" (RVR-60).

Dios quiere un corazón receptivo, un corazón que siga sus mandatos y haga su voluntad. El anhelo profundo de mi corazón y de mi ministerio es hacer un llamado a las mujeres a que sean mujeres y madres conforme al corazón de Dios… llamarte *a ti* a ser esa clase de mujer.

*¿Busco tu corazón, Dios? ¿Soy una mujer*
*que tú escoges porque busca tu corazón y tus*
*verdades? Quiero ser esa mujer, esa madre,*
*ese ejemplo vivo de una vida que te sigue.*

# ¡Lee!

"Yo acostumbraba leer mi Biblia todos los días. ¡Ahora ni siquiera sé dónde está!". ¡Ay, querida! ¡Encuentra esa Biblia! Luego, búscate un lugar agradable y lee. Si tienes luchas en tu vida, toma una Biblia y lee. Si necesitas ayuda con una relación, un problema, una decisión, entonces hallarás consuelo, auxilio y claridad cuando inviertas tiempo leyendo la Palabra de Dios y orando. Si necesitas una pasión renovada por la Palabra de Dios, entonces aparta tiempo especial cada día para descubrirla a un nivel más personal. Y ora cuando leas.

Busca la luz de la Palabra de Dios para tu vida y tu familia. Conságrate de nuevo al crecimiento espiritual. Dios dice que la Biblia no volverá a ti vacía (Is. 55:11). Es la Palabra viva de Dios. Y transformará cada área de tu vida hoy y para siempre.

*Señor, permíteme desempolvar mi Biblia y abrir mi corazón a toda la influencia viviente y poderosa de las Escrituras. Anhelo volver a la confianza y al valor que tus promesas infunden a mi vida. Que mis hijos me vean como una madre que ama el corazón de Dios.*

# En el camino recto

Dios dice que la clave para una vida que permanece en *su* camino es tu corazón. Simple ¿no es así? Eso parece, hasta que te distraes con dificultades, prioridades equivocadas y preocupaciones por los hijos. Entonces estás en problemas. Cuando Dios te llama a seguir este camino de vida debes mirar hacia adelante. En lugar de volverte a la derecha o a la izquierda, debes seguir los caminos que Dios ha trazado.

Pide a Dios que escriba sus prioridades en tu corazón y en tu mente. Sigue su dirección. Pide ayuda. Busca su camino con diligencia. Si lo haces, todos los asuntos, los acontecimientos y las actividades de tu vida sucederán de acuerdo con su plan divino. Un corazón que es receptivo a Dios conduce a una vida de obediencia. Y eso, querida madre, te ayudará a mantener tu camino en línea con el corazón de Dios.

*Dios, enséñame tus prioridades. Grábalas en mi corazón. Mantén mi alma y mis ojos puestos en ti para que no me distraiga y me desanime. Quiero avanzar y conducir a mis hijos en tu voluntad.*

# Una ayuda adecuada

"¿Un espíritu de sierva? ¿Cuán arcaico suena esto? ¡Lo que yo quiero es un matrimonio con igualdad de oportunidades!". El problema con este tipo de razonamiento es… digamos, ¡un problema! Génesis 2:18 dice: "Luego Dios el *Señor* dijo: 'No es bueno que el hombre esté solo. Voy a hacerle una ayuda adecuada'". Una mujer piadosa es una mujer con un corazón de sierva, sea casada o soltera. Su anhelo es seguir los pasos de Jesús, el cual fue el siervo más ejemplar. Y esto incluye a la familia.

Cuando estás casada, eres un equipo con tu esposo, y eso descarta todo sentimiento de competencia entre los dos. Yo llegué a ser una mejor cristiana y una mejor esposa cuando me volví una mejor ayuda. Filipenses 2:3 te anima a ser humilde y a considerar "a los demás como superiores" a ti misma. ¡Es una mentalidad que te ayudará a ser más como Cristo!

*Señor, quiero ser una ayuda y una socia para mi esposo. Dame un corazón de sierva para con él. Que podamos trabajar juntos en esta obra buena e importante de criar hijos piadosos.*

# La historia de la chimenea

Si te has vuelto una mujer fastidiosa, entonces tienes que leer mi anécdota de la chimenea. Cuando decidimos remodelar un poco nuestra pequeña casa, yo estaba decidida a hacer algo con la chimenea. Sabía que no teníamos eso presupuestado, de manera que astutamente hice comentarios como: "¿No te parece la noche perfecta para encender un fuego en la chimenea? Ay, ¡si tuviéramos una!". O: "Imagínate. Si tuviéramos una chimenea podríamos cenar frente a un fuego ardiente". Al fin Jim dijo: "Elizabeth, ¿estás ayudando o entorpeciendo?". ¡Ay! Me prometí nunca volver a mencionar esa chimenea. Me propuse orar para que mi actitud al respecto cambiara. ¿Qué piensas? ¿Estás dispuesta a dejar de importunar? ¿A ayudar en lugar de entorpecer? Piensa en el cambio que ocurriría si dejaras de fastidiar y empezaras a ayudar a tu esposo y a tus hijos, y a orar por ellos.

*Dios, confieso que muchas veces pongo obstáculos para la salud y la integridad de mi familia porque soy egoísta y obstinada. Libérame de este pecado destructivo para que pueda edificar esta familia con la que me has bendecido.*

# Totalmente liberador

Esto podría sorprenderte, pero tu esposo es responsable ante Dios de liderar, y *tú* de seguir. Efesios 5:22 dice: "Esposas, sométanse a sus propios esposos como al Señor". Eso significa que tu sumisión es una elección. Tú decides seguir o no a tu esposo. ¿Te sometes a su liderazgo cuando tomas decisiones acerca de la crianza, la participación en la iglesia, el tiempo familiar? Nadie puede obligarte a hacerlo, no bajo la ley de Dios.

Es una decisión importante y un privilegio renunciar para seguir el liderazgo de tu esposo. ¡Considéralo como tu regalo! ¿Estás dando el regalo de ser cabeza para tu esposo? Más aún, ¿estás experimentando la virtud que resulta de esta decisión? Te sorprenderá ver cuán liberador es someterse.

*Jesús, te amo, pero lucho por someterme a mi esposo*
*y también a tu autoridad. Permíteme abrazar*
*la sumisión con un corazón comprometido.*
*Enséñame el gozo de esta libertad. Que pueda*
*hacerlo "como al Señor", ¡como para ti!*

# Un sermón más poderoso

Esta sabiduría bíblica es específicamente para toda esposa que alguna vez ha dicho: "Mi esposo no camina con Dios, de modo que no tengo que seguir su liderazgo". A menos que tu esposo te pida hacer algo ilegal o inmoral, la voluntad de Dios es todo lo contrario. Como dirían tus hijos: "¡Pillada!".

Para ayudar a las mujeres en esta situación, 1 Pedro 3:1 dice: "Así mismo, esposas, sométanse a sus esposos, de modo que si algunos de ellos no creen en la palabra, puedan ser ganados más por el comportamiento de ustedes que por sus palabras". Tu sumisión a tu esposo predica un sermón mucho más bello y poderoso que cualquier discurso que pronuncies. Tu conducta cuenta, y tu esposo y tus hijos observan el fruto de tu fe y de tu corazón. Bendícelos con un mensaje de amor.

*Dios, ayúdame a seguir tu voluntad siguiendo el liderazgo de mi esposo. Dame la fe para confiar en su autoridad y para mantener siempre mi corazón de acuerdo con el tuyo, Señor.*

# Ovejas y cabras

Tuve una profesora que era muy creativa para explicar las matemáticas. Se inventó un juego llamado "separar las ovejas de las cabras". Todos nos poníamos de pie. Y cada respuesta correcta a las preguntas de matemáticas daba el derecho a seguir de pie. Al final, solo las "ovejas" permanecían. Las "cabras" quedaban eliminadas. La diligencia es una cualidad que nos ayuda a permanecer en pie como padres.

Jonathan Edwards dijo: "Nunca pierdas un instante de tiempo, sino mejóralo de la manera más provechosa posible". ¡Eso me gusta! Se requiere diligencia para permanecer en algo hasta que está terminado. Requiere acción. En Proverbios 31:27 encontrarás una mujer que "está atenta a la marcha de su hogar, y el pan que come no es fruto del ocio". Te conviertes en una mujer diligente un día a la vez. Y la diligencia que practicas hoy dejará en tus hijos una huella de por vida.

*Dios, a veces estoy tan cansada que quiero renunciar o darme por vencida, aun cuando sé que todavía hay trabajo de crianza por hacer. Alienta mi espíritu, Señor. Dame la energía para ser una madre fuerte y diligente.*

# Un plan que funciona

✿

¿Está funcionando tu plan para la vida y la fe? Si tu respuesta es "no" o "¿cuál plan?" ¡entonces hay trabajo por hacer! Es muy probable que estés dejando que los malos hábitos gobiernen tu día. Se necesitan 21 días para eliminar un mal hábito y reemplazarlo por uno nuevo, así que más vale empezar de una vez. Créeme, he probado la fórmula milagrosa de los 21 días. Y he descubierto que se necesita mucho más tiempo para romper hábitos arraigados y crear nuevos. ¿Por qué? Porque suelo "recaer" en viejas prácticas. Si repites un mal hábito con suficiente frecuencia se vuelve automático. ¿Has caído también en esa trampa?

Me encanta el Salmo 23:3. Dice que el Pastor, el buen Pastor "me guía por sendas de justicia por amor a su nombre". Si permaneces junto a Él y caminas por donde Él te guía, tus hábitos glorificarán su nombre y demostrarás el fruto del Espíritu, el fruto de su justicia. Desarrollarás hábitos *santos*. ¡Eso es lo que llamo un plan que *funciona*!

*Buen Pastor, estoy animada y determinada a*
*formar hábitos santos como mujer y como madre.*
*Y cuando mis hijos y otras personas noten los cambios*
*positivos en mi vida, te daré toda la gloria.*

## *Un camino mejor*

Es maravilloso buscar a Dios cuando estamos arrinconadas y enfrentamos las consecuencias de nuestros actos. Pero hay una manera mucho *mejor* de desarrollar una vida de fe. ¿Qué tal hablar con Dios *antes* de que vengan los problemas? Estas son algunas preguntas que me planteo: ¿Qué es realmente importante para mí? ¿Son estas cosas igualmente importantes para Dios? ¿Cuáles son mis prioridades? ¿Cuáles *deberían* ser? ¿He entregado este asunto en las manos de Jesús de todo corazón? ¿Estoy viviendo conforme a ese compromiso? Jeremías 6:16 dice: "Deténganse en los caminos y miren; pregunten por los senderos antiguos. Pregunten por el buen camino, y no se aparten de él. Así hallarán el descanso anhelado". Dios despejará el camino, los obstáculos, y te facultará para avanzar. Él te mostrará un camino mejor, su camino. Tú disfrutarás más la vida y sufrirás menos. ¿No te parece maravilloso?

*Señor, paso demasiado tiempo esquivando obstáculos.*
*Hoy te doy mi corazón y mi vida con un celo*
*renovado. Quiero disfrutar de estos preciosos días*
*de crianza y exploración de mi propósito en ti.*

# El perdón de Dios es completo

🌹

"He cometido errores graves en mi vida. Errores que para mí son imperdonables. Por tanto, ¿cómo puedo esperar que Dios me perdone?". Amiga mía, el perdón de Dios es completo. ¡Brota de la cruz de Jesús y te alcanza!

Dale a Dios el control absoluto de todo tu ser. Empieza ahora mismo y deja que gobierne tu vida. Él no comete errores. De hecho, Él hará un trabajo perfecto. Si alguien no merecía el perdón era Pablo. Antes de conocer a Jesús, Pablo incitó a otros a matar y perseguir cristianos. Pero fue Pablo quien dijo: "olvidando lo que queda atrás y esforzándome por alcanzar lo que está delante, avanzando hacia la meta para ganar el premio que Dios ofrece mediante su llamamiento celestial en Cristo Jesús" (Fil. 3:13-14). ¿No te parece asombroso? Tú puedes elegir confesar el pasado y seguir adelante con gozo, y esperar lo mejor que Dios tiene preparado para ti.

*Dios, perdóname. Tú me amas, y me permites venir a ti con mis pecados y debilidades para que yo pueda recibir tu gracia y tu fortaleza. Ayúdame a extender tu gracia perdonando a mis hijos y a mi esposo.*

## *Un corazón totalmente expuesto*

¿Cuán a menudo te da alguien una segunda oportunidad? No muy a menudo, ¿verdad? Y ¿te aferras a errores pasados contra tus hijos, tu esposo o tus amigos? Tal vez nosotras no extendamos esa clase de gracia, ¡pero Dios *sí*! El perdón de Dios es ilimitado. Lo único que tienes que hacer cuando pecas es buscarlo con un corazón arrepentido. Examínate siempre y pregúntate: "¿Qué lamento?". ¿Lamentas haber sido descubierta? ¿Ceder a la tentación? ¿Decepcionar a Dios? Acude a Dios con un corazón totalmente expuesto. Él se deleitará en limpiarte completamente y con amor.

Tú puedes empezar el proceso ahora mismo. Dios puede y te dará la gracia y la fortaleza para corregir lo que sea necesario y para ayudarte a afrontar las consecuencias de tus acciones. Puedes decir junto con Pablo en Filipenses 4:13: "Todo lo puedo en Cristo que me fortalece".

> *Señor, perdona hoy mis pecados. Te*
> *presento mis transgresiones específicas y*
> *tú me limpias y me restauras. Que mi*
> *hogar sea un lugar lleno de tu gracia.*

# Una obra inacabada

Querida madre, ¿sientes a veces que no eres amada, o que estás desconectada o aislada? ¿Sabes y crees que eres una obra inacabada y que un día serás perfecta? En Filipenses 1:6 leemos: "Estoy convencido de esto: el que comenzó tan buena obra en ustedes la irá perfeccionando hasta el día de Cristo Jesús". Si en este momento te sientes "menos", o tu hijo experimenta estos sentimientos, recuerda que Dios conoce y bendice a cada uno en particular. En Jeremías 1:5, Dios dice: "Antes de formarte en el vientre, ya te había elegido; antes de que nacieras, ya te había apartado". Eso es muy especial ¿no te parece? Y en Romanos 5:8, Pablo nos recuerda que "Dios demuestra su amor por nosotros en esto: en que cuando todavía éramos pecadores, Cristo murió por nosotros". Somos completas en Cristo. Comparte este mensaje con tu familia y vive de tal manera que los apoyes como obras inacabadas.

*Señor, puedo ser dura conmigo misma y ver a mi familia hacer lo mismo. Tú nos amas profundamente, Salvador nuestro. Obra en nosotros. Ayúdanos a vivir en la confianza y en la paz de nuestra salvación.*

# Me mantiene en paz

Encontrar la manera de experimentar la paz de Dios es crucial cuando eres madre. En mi caso, el tiempo a solas en la mañana con mi Biblia y un cuaderno es lo que me mantiene en paz. Cuando no tengo ese encuentro diario con el Señor, es fácil olvidar el poder y la seguridad que me infunde el tiempo con Él. Pasar tiempo a diario en la Palabra de Dios y en oración renovará tu calma y tu fortaleza, sin mencionar tu perspectiva.

Cuando enfrentas una situación estresante, mira al Señor. Echa mano de su paz y serenidad. Como dice el Salmo 46:10: "Quédense quietos, reconozcan que yo soy Dios". Como bien sabes, ¡ese puede ser el único lugar en el que encuentras reposo! Enseña a tus hijos a buscar la paz de la presencia de Dios desde pequeños. Esto les será útil, y servirá al Señor.

*Padre, perdóname por no acudir a ti antes.*
*Sobrecargo mi agenda, trabajo hasta tarde, y*
*trato mi tiempo de quietud como ocio. Hoy quiero*
*volver a tu presencia que me trae paz, Señor.*

# El enfoque de la oración

Cuando una mujer cuenta que su esposo la desespera, otras mujeres asienten con la cabeza. Y si tú eres esa mujer, no eres la única, amiga mía. Sin embargo, he descubierto que es casi imposible descuidar, odiar, o incluso desesperarse con una persona por la cual oras, ¡y eso incluye a tu esposo! Y a tus hijos.

Antes de darte por vencida con el buen hombre con quien te casaste, invierte tiempo y tu corazón en orar por él. Un día te despertarás y descubrirás que hay menos discusiones, que hay cierta ternura y calidez en tu corazón hacia él. Te darás cuenta de que mientras orabas por tu esposo, Dios cambiaba tu corazón. Jesús dijo en Mateo 6:21: "Porque donde esté tu tesoro [en este caso, el tesoro de tu tiempo y esfuerzo en oración], allí estará también tu corazón". Atesora hoy a tu esposo.

*Dios, te presento hoy a mi esposo. Infúndele aliento*
*y valor para ser un buen padre, compañero y*
*hombre de Dios. Dame un corazón sincero y*
*bueno para el hombre que tú y yo amamos.*

## Edifica, edifica y edifica

¡Oigo eso con demasiada frecuencia! Proverbios 14:1 empieza diciendo que "la mujer sabia edifica su casa" y termina con "la necia, con sus manos la destruye". Por ejemplo, ¿qué hace la ira descontrolada? Azota, lanza objetos, daña, rompe. Y dice cosas hirientes que lastiman y destruyen. La mujer sabia de este versículo sabe que tiene una misión de parte de Dios, que edificar una casa es un proyecto para toda la vida. La sabiduría, la sabiduría de *Dios* en su Palabra, edifica, edifica, y no cesa de edificar.

Como sucede con la mayoría de las cosas, la actitud de tu corazón es clave. De hecho, ¡es vital! Decide ahora mismo identificar y renunciar a hábitos que te frenan y destruyen lo que tratas de edificar en tus hijos. Y en lugar de eso, ¡edifica para la gloria de Dios!

*Jesús, tú edificas, creas y transformas. Con frecuencia dejo que mis frustraciones superen mis buenas intenciones. Por eso necesito tu ayuda y tu sabiduría. Dame la firme convicción acerca de los malos hábitos que debo eliminar de mi vida.*

## *Arregla tu cama*

¿Peleas con tus hijos a diario cuando insistes en la importancia de arreglar sus camas? Parece que todos los medios de comunicación están de acuerdo contigo. Leí un artículo que relataba las diez razones principales para adoptar este hábito. ¡La primera razón podría sorprenderte! Según el artículo, la cama es el objeto más grande en la habitación. Es lógico deducir entonces que el 80 por ciento de la habitación queda arreglado con ese simple acto. ¡Cualquier acción fácil con semejante nivel de beneficio sería grandioso para mí! Sin embargo, ningún beneficio reemplaza la actitud de tu corazón. Examina tu corazón y tu hogar. ¿En qué te enfocas y en qué inviertes tu energía? Proverbios 31:27 dice: "Está atenta a la marcha de su hogar". ¿Eres así? Toma en serio la sabiduría y los caminos de Dios. ¡En eso consiste ser una madre conforme al corazón de Dios!

*Padre, muéstrame todos tus caminos. Déjame*
*asimilar tu sabiduría, aplicarla y transmitirla*
*a mis hijos diariamente. ¡El beneficio de este*
*compromiso y tiempo invertido es eterno!*

# El amor funciona

Llegas a casa cansada, o estás cansada después de un día entero de trabajar en casa y coordinar las actividades de los niños. Así que, ¿por qué siempre *te* corresponde preparar la cena? ¡Esa es una buena pregunta, y justa! Pero mi respuesta puede sorprenderte: has llegado a casa y detrás de ti viene tu esposo que también acaba de llegar. Ambos han tenido un día largo y pesado. Entonces, ¿quién *va* a preparar la cena? ¿Quién va a lavar los platos? ¿Quién va a preparar las loncheras? *Alguien* tiene que hacer todo eso. Me gusta lo que dice Edith Schaeffer: "¿A quién puedes demostrar amor en las circunstancias cotidianas y en la rutina de la vida?". No solo eso, sino que debes hacer el bien sin esperar algo a cambio. Vaya. Esto hay que pensarlo, ¿no te parece? En Juan 15:12 Jesús dijo: "Y éste es mi mandamiento: que se amen los unos a los otros, como yo los he amado". ¡Adelante, pruébalo y cuéntame si el amor te funciona!

*Señor, a veces mi esposo es la última persona a quien*
*ofrezco mi servicio. Ayúdame a amarle de corazón*
*y con mis acciones. Él es mi compañero para toda la*
*vida y en la crianza. ¿Hay alguien más importante?*

# Un corazón amable

Ser bueno y amable todo el tiempo y con todas las personas puede resultar absolutamente agotador. El secreto para no hastiarse, agotarse o fingir es ajustar tu actitud a la de Dios. ¿Lo harás bien siempre? No, a menos que seas la mujer perfecta, ¡y aún no la he conocido! Pero si quieres demostrar el carácter de Dios en tu vida y estás dispuesta a hacer algunos cambios necesarios, vas por buen camino.

Sigue enfocándote en el plan de Dios para ti en su Palabra, un día a la vez. La Biblia dice que debes vestirte con un corazón amable, compasivo y bondadoso. Que sea tu hábito diario ser una mujer fiel a la Palabra de Dios. Ora. Pide la ayuda de Dios, pide su gracia. Y luego avanza, con perseverancia.

*Dios, quiero demostrar a otros tu gran bondad*
*y compasión. Me propongo buscar tu corazón*
*y aprender de tu Palabra y de tu naturaleza de*
*amor. Quiero procurar el bien y las actitudes*
*piadosas. Abre mi corazón, Señor.*

# Que sea tu propósito

¿Qué pasa con los propósitos que nos emocionan y aterrorizan a la vez? Al principio nos sentimos esperanzadas. Pero, por desdicha, empezamos a dudar de nuestra capacidad para alcanzar nuestro propósito. Considera esta lista de propósitos piadosos para tener la fortaleza del Señor que te guíe en el camino: (1) No te preocupes por tu valor personal, sino más bien (2) regocíjate en tu valor ante Dios. El Salmo 139:14 dice que tú eres "una creación admirable… maravillosa". (3) Decide que vas a buscar una relación más profunda con Dios, y (4) camina por la fe incluso cuando no entiendes siempre su dirección.

¿Cuánto tiempo pasas a diario en la Palabra de Dios? ¿Cuánto tiempo en oración? No es cuestión de legalismo, sino de disfrutar lo que tienes en Cristo. Hacerlo te dará la fortaleza y la esperanza para llevar a cabo tu propósito de reflejar la gloria de Dios en tu vida.

*Señor, dame la esperanza y la fe para*
*fijarme propósitos piadosos. Con tu dirección*
*puedo lograr cualquier cosa, incluso ser*
*una madre conforme a tu corazón.*

# ¿Cuánto vale?

Me encantan las palabras de John Wesley: "Mi don es decir lo que pienso. Pero Dios me ha dicho que no tengo que ejercitar ese don". Nuestro comportamiento refleja nuestro corazón. Por lo tanto, debes preguntarte: ¿Amo a las personas cuidando mis palabras? ¿Tengo mis impulsos bajo control? ¿Estoy dispuesta a servir a otros? ¿Amo con un amor que se sacrifica?

Si consideras los extraordinarios dones del amor y el perdón que Dios te ha ofrecido por medio de Jesús, ¿será demasiado que Él te pida obediencia? La Biblia dice que "Dios es amor" (1 Jn. 4:8). Él *es* amor. Que como mujer y madre puedas seguir creciendo y amando incluso más a Jesús y al prójimo.

*Señor, amo a mis hijos, pero veo que sus actitudes*
*pueden ser problemáticas. ¿Las mías también*
*lo son en ocasiones? Ayúdame a convertirme*
*en una mujer amorosa que te honra. Gracias*
*por este don del amor que me has dado.*

# Tiempo suficiente

¿Cómo estás? ¿Estás simplemente sobreviviendo? ¿Apenas te las arreglas? O ¿eres capaz de buscar la manera de vivir una vida fiel y plena? Una madre me dijo: "En realidad tengo problemas para ser madre, esposa y empleada a la vez. Paso los fines de semana tratando de ponerme al día, pero siento que me estoy ahogando". Muchas mujeres sienten esa presión.

Puede parecer imposible, pero dedica tiempo a diario para meditar y orar acerca del día de hoy y de mañana, e incluso la semana que viene. Esto te ayudará a poner tus prioridades en orden, e incluso te dará algunos minutos para orar o leer la Biblia. Sé que no será fácil, ¡pero no es imposible! Filipenses 4:13 dice: "Todo lo puedo en Cristo que me fortalece". Esas son noticias maravillosas para una madre ocupada. ¡Dios te bendiga por todo lo que haces, y por quien *eres*!

*Jesús, pido tu discernimiento y tu perspectiva a la hora de ordenar mis prioridades y organizar el día de hoy y la semana que viene. Ayúdame a hacer el mejor trabajo por mi familia consagrando tiempo en tu presencia.*

# Devoradores de tiempo

A la hora de comprar una casa, lo más importante es la ubicación, en segundo lugar la ubicación, y en tercer lugar la ubicación. En la vida, lo más importante por triplicado es organizar prioridades. Se requiere disciplina, pero la recompensa es grande. Elimina todo lo que no contribuya positivamente al plan de Dios para tu vida. Busca "las cosas" que no son esenciales y que recargan más tus ocupaciones. Luego tú decides: ¿sale o se queda? Tal vez descubras que en realidad disfrutas el proceso.

Efesios 5:15-16 dice: "Así que tengan cuidado de su manera de vivir. No vivan como necios sino como sabios, aprovechando al máximo cada momento oportuno". Pasar una hora en la Internet o en Facebook no está mal. Pero puedes optar por eliminarlo si afecta aquello que es más importante. Pregúntate cada día: "¿Cómo puedo vivir mejor este día?".

*Dios, ¿qué necesito eliminar? ¿Qué prioridad estoy descuidando? ¿Cómo puedo vivir mejor este día? ¿Cómo puedo honrar esta vida que me has dado y disfrutar de las bendiciones de la familia y la fe?*

## Aprovechar el tiempo

Examina tu día. Observa las actividades que fueron una pérdida de tiempo: quizá demasiada televisión, demasiados mensajes de texto, o demasiado tiempo negociando la hora del baño y de acostar a los niños. Resulta que la Biblia tiene una lista de tareas que te ayudará con tus compromisos de fe y tu vida de oración. Echa un vistazo a Tito 2:3-5: "A las ancianas, enséñales que sean reverentes en su conducta, y no calumniadoras ni adictas al mucho vino. Deben enseñar lo bueno y aconsejar a las jóvenes a amar a sus esposos y a sus hijos, a ser sensatas y puras, cuidadosas del hogar, bondadosas y sumisas a sus esposos".

Que estos "fundamentos" sean tus prioridades. Inclúyelos en tus planes del día con determinación y seriedad. Te sorprenderá cómo aprovechas tu tiempo. Y eso cambiará en gran manera tus prioridades y tu uso del tiempo.

*Señor, gracias por la inspiración de tus*
*fundamentos para la vida. Necesito este impulso*
*de esperanza y energía. Ayúdame a recordar*
*cada mañana que puedo despertarme feliz de*
*practicar el arte de vivir piadosamente.*

# Considera todo un gozo

Susana Spurgeon fue la esposa del predicador Carlos Spurgeon. Ella sufrió de problemas de salud que se agravaron con el paso del tiempo. Esto dijo: "Cuando el fuego de la aflicción produce en nosotros cánticos de alabanza, nuestro Dios se glorifica verdaderamente". Es asombroso que añadiera: "¡Que el horno se caliente siete veces más!". Para ella fue una realidad el gozo en medio del fuego. Gozo en medio de las lágrimas y el dolor.

Ana fue la Susana de los tiempos bíblicos. En 1 Samuel 2:2 ella ora: "Nadie es santo como el Señor; no hay roca como nuestro Dios". Ana sufría terriblemente. Pero a pesar del sufrimiento, ella sabía que Dios comprendía sus dificultades. Para ella también el gozo venía de Dios, y de nada ni nadie más. Santiago 1:2 dice: "considérense muy dichosos cuando tengan que enfrentarse con diversas pruebas". ¡Él te sostendrá!

*Señor, muchas mujeres de Dios han abierto caminos de esperanza y fe por causa de sus pruebas. Permíteme ser una de esas mujeres que tienen gozo porque dependen de tu fortaleza y dirección.*

## Eres lo que piensas

Proverbios 23:7 dice que tú eres el resultado de lo que piensas en tu corazón. ¡Eso puede ser aterrador! Cuando recién me hice cristiana, mis pensamientos no siempre se dirigían a lo bueno. Esto es algo que todavía exige mi determinación diaria y un propósito deliberado. Filipenses 4:8 nos insta a pensar en todo lo verdadero, todo lo respetable, todo lo justo, todo lo puro, todo lo amable, todo lo digno de admiración, en fin, todo lo que sea excelente o merezca elogio. Toma cada día la decisión de pensar a conciencia en Dios, de meditar en pasajes de las Escrituras. Te sorprenderá el cambio que esto producirá en tu vida, y ni qué decir en tus pensamientos.

Asimismo, procura aumentar tu fortaleza espiritual memorizando las Escrituras. No hay nada como las palabras de Dios en tu corazón para inclinar tus pensamientos a Él. David oró: "Sean, pues, aceptables ante ti mis palabras y mis pensamientos, oh Señor". ¡Que esta sea también *tu* oración!

*Dios, tú sabes lo que hay en mi corazón y en mi mente, y sabes lo que debo cambiar. Ayúdame a cultivar un corazón que sea un reflejo de ti, de tu amor, tu verdad y tu virtud.*

## Renovar tu mente

Pasar tiempo plácidamente con un buen libro, ¿a quién no le agrada? Permíteme hacerte una sugerencia. La ficción es un excelente entretenimiento. Pero si quieres crecer espiritualmente, parte de tu tiempo de lectura debe invertirse en la Palabra de Dios. Eso te permitirá ver la vida y las circunstancias a través del lente de la verdad. Cuando lees la Palabra de Dios te sintonizas con el corazón de Dios y su enseñanza.

Romanos 12:2 dice que la Palabra de Dios renueva tu mente. Transforma tus pensamientos. Permíteme hacerte una pregunta: lo que estás pensando hoy, incluso en este mismo instante, ¿es un reflejo de los medios de comunicación en los que estás inmersa, o es el fruto de la Palabra de Dios? ¡No hay nada, *nada*, que pueda renovar tu mente como la Palabra de Dios!

*Señor, cuando me desanimo y me siento abrumada,*
*necesito apartarme de la voz del mundo y*
*entrar en el solaz de tus enseñanzas y tu verdad.*
*A solas contigo, mi mente será renovada.*

# Un regalo espiritual

¡Qué emocionante es pensar en servir a Dios de formas grandes y pequeñas! No solo estás llamada a dar tu vida en servicio, sino que has sido equipada y dotada por Dios para servir. Esto me parece verdaderamente extraordinario y esperanzador. Tu servicio glorificará a Dios. Es algo que precisa de una cualidad sobrenatural porque no viene de ti, no es algo natural. Y no puede explicarse. Tu servicio implica el uso de un don espiritual, ministrado por el poder del Espíritu Santo que obra en y a través de ti. En 1 Pedro 4:10 leemos: "Cada uno ponga al servicio de los demás el don que haya recibido, administrando fielmente la gracia de Dios en sus diversas formas". ¡Qué asombrosa gracia!

Tu disposición para seguir la dirección de Dios en tu vida se volverá un ejemplo para tus hijos a medida que ellos descubran sus propios dones.

*Señor, revélame mis dones y habilidades. Cuando
temo avanzar en el servicio, permíteme depender de
la fortaleza del Espíritu Santo para superar el temor
y lanzarme a una vida ministerial abundante.*

# Pide sabiduría

Al igual que tú, fácilmente me hallo bombardeada por toda clase de exigencias, como mujer, esposa y madre. Es entonces cuando necesito ayuda para ser sabia. Sabia para vivir. Sabia para saber lo que debo hacer. ¿Te acuerdas del genio de la botella al que le puedes pedir todo lo que quieres y te lo concede? Pues bien, Dios se apareció a Salomón en un sueño y le dijo: "¿Qué quieres que te dé?". Y Salomón contestó: "Sabiduría y discernimiento".

Dios le concedió a Salomón su deseo: un corazón sabio y entendido. La sabiduría es la capacidad de ver la vida como Dios la percibe. ¡Eso es lo que deberías desear también! ¿Y cuál es la mejor parte? Que está a tu disposición para desearla por encima de todo lo demás. Querida hermana y madre especial, *ora* pidiendo sabiduría y pide al buen Señor lo que te haga falta.

*Señor, soy demasiado tarda en pedir ayuda. Pero necesito tu sabiduría. Quiero guiar a mis hijos hacia prácticas piadosas y nobles. Tú me has confiado su entrenamiento y mis propias decisiones en la vida. Ayúdame a pedir tu auxilio.*

# ¡Qué mujer!

Quiero que conozcas a una mujer a quien admiro y respeto profundamente. Podemos aprender mucho de ella. Se llama Abigail. Hazte un favor y dedica tiempo a leer su historia en 1 Samuel 25. Ella fue una mujer familiarizada con el estrés, con lo que significa tener un esposo ebrio y tirano. A pesar de caminar en una cuerda floja, ella fue sabia y justa. Su vida se caracterizó por acciones y palabras sabias. Asombró a todos cuando usó la sabiduría que Dios le dio para evitar un enfrentamiento entre su necio esposo y David con sus 400 hombres. Ella sabía qué hacer y cuándo actuar. Cada reto o responsabilidad que tienes puede manejarse con la misma sabiduría piadosa. ¿Lo crees? ¿Confías en Dios cuando enfrentas dificultades en tu matrimonio y en la crianza de los hijos? ¡Deja que *tu* vida se caracterice por la sabiduría!

*Señor, cuando pienso que tengo todo bajo control,*
*viene el desastre. Confío solo en mi opinión*
*y en mi lógica incorrecta en lugar de confiar*
*en la verdadera sabiduría. Quiero ser una*
*mujer que brilla en autenticidad, integridad*
*y comprensión profunda de tus verdades.*

## *Pide a Dios*

Santiago 1:5 dice que si a alguno de ustedes le falta sabiduría, pídasela a Dios. ¡Y lo mejor es que te la *dará*! Esto es lo que te sugiero hacer *hoy*, tan pronto como puedas: lee un capítulo del libro de Proverbios, el que corresponda al día del mes. Hazlo cada día, y cada vez que lo hagas, escoge un versículo que hable a tu vida y a tu corazón. Escríbelo. Llévalo contigo todo el día. Exhíbelo en algún lugar donde puedas verlo en tu escritorio, tu mesa, dondequiera que estés. Llévalo siempre contigo. Proverbios 9:10 dice: "El comienzo de la sabiduría es el temor del Señor; conocer al Santo es tener discernimiento". Abre tu corazón e inclínate hoy ante el Señor.

*Ay, Dios, me falta sabiduría. Es cierto. A duras penas intento criar, trabajar, sobrevivir, hacer malabarismos y mantenerme a flote de cargas como las deudas y la soledad. Tú quieres que viva una vida transformada. Dame tu sabiduría y esperanza, Señor. En verdad las necesito.*

## Ámense los unos a los otros

Hay un proverbio que dice: "El chismoso divide a los buenos amigos" (16:28). Hay un programa famoso de televisión en el que las mujeres *hablan* las unas de las otras. ¿A eso llaman entretenimiento? Conclusión: ¡el chisme es perjudicial! ¿Cuánto chisme hay en tus conversaciones con amigas o con tus hijos?

Como mujer de Dios, estás llamada a ser una ayuda, una maestra, una consejera de otras mujeres. Eso no admite el chisme. Todo tu ministerio de animar a otros se derrumba cuando dices palabras hirientes. Y estas palabras nunca las puedes retirar. Oh, si fuéramos como Jesús que "no cometió ningún pecado, ni hubo engaño en su boca" (1 P. 2:22). Dios te pide servir y mejorar la vida de otros, lo cual incluye tu familia y tus amigos. Y ninguna vida ha mejorado con el chisme. Antes bien, como te ordena Jesús: ámense los unos a los otros.

*Señor, hoy me humillo ante ti. Sé que mi conversación no está exenta de pecado. A veces uso el sarcasmo y palabras negativas delante de mis hijos y contra otras mujeres. Que mis palabras sirvan solo para edificar y no destruir. Perdóname.*

# El pródigo regresa

"Hay demasiadas costumbres pasadas en mi vida. Antes leía la Biblia con regularidad. Acostumbraba estar más conectada con mi iglesia. Oraba más abiertamente". ¿Cómo nos desviamos? ¿Cómo se vuelve un pródigo en pródigo? Tú lo *sabes*, ¿no es así? Te ocupas de otros asuntos y la Palabra de Dios pasa a un segundo plano. En poco tiempo tu pasión por Dios se agota y te sientes perdida. Pero Dios te ha dado un mapa de tu vida en su Palabra. Ella te enseña, te corrige, te restaura, te instruye, te faculta, y te anima en tu camino. ¿Qué más podrías pedir?

Haz todo lo que esté a tu alcance para recuperar esa pasión. Vuelve hoy al Señor. Empieza hoy a buscar su Palabra, aunque sea unos minutos. Ya sabes de qué se trata, sabes lo que se necesita. ¡Y sabes lo que vale la pena en tu vida!

*Dios, restaura mi gozo y mi asombro de sumergirme en tu Palabra y tu instrucción. Ayúdame a leerla como tu carta de amor personal, el tesoro de sabiduría y el mapa que necesito para vivir, porque eso es lo que es.*

## Tienes lo necesario

Es fácil dejar que tus ocupaciones oculten el dolor de un matrimonio vacío. ¿Qué te parece? ¿Te suena familiar? Pasatiempos, actividades de los hijos, clases, ejercicio, proyectos voluntarios, amigos, compras, todo con tal de evitar estar en casa. Pero déjame decirte que todas esas actividades jamás reemplazarán un matrimonio feliz. ¿Por qué no invertir el mismo tiempo, esfuerzo y energía para hacer de tu matrimonio lo que Dios había dispuesto? Tienes lo que necesitas porque cuentas con Dios y con su poder en tu vida. ¡Y 2 de Corintios 12:9 promete su gracia! Sea lo que sea que hagas, no permitas que la cultura a tu alrededor oculte la visión de Dios acerca de la importancia de tu matrimonio. Dios quiere que tu matrimonio esté lleno de emoción y propósito. ¡Y puede estarlo!

*Dios, no permitas que use mis actividades o a los hijos para eludir las necesidades o problemas de mi matrimonio. Anímame en la obra de edificar una relación duradera con mi esposo. En tus fuerzas yo puedo avivar mi matrimonio.*

## *Aprende a contentarte*

El contentamiento no se basa en las circunstancias. El apóstol Pablo lo sabía. Él escribió que *aprendió* a contentarse. No es algo que ocurra automáticamente. Eso debería animarte. Y el contentamiento es vital incluso cuando tienes más que suficiente. Lo es porque tener mucho alimenta el deseo de tener más. Juan Wesley dijo: "Cuando tengo dinero me deshago de él lo más pronto posible, no sea que haga nido en mi corazón". Nos decimos a nosotras mismas: "Me contentaría con que los niños prestaran más atención". Eso no es verdad.

Tú ya tienes todas las verdaderas riquezas del cielo. Tienes la esperanza de una vida eterna, sin importar lo que esté sucediendo ahora mismo. Juan 16:33 dice que tendrás "aflicciones". Pero también tienes a Cristo. Eso significa que puedes tener contentamiento en tu alma *en medio de* tus circunstancias, incluidas aquellas que son difíciles o inciertas.

*Señor, yo dejo que el comportamiento de mis
hijos o mi relación con mi esposo, y los altibajos
de mi ánimo dicten mi grado de contentamiento.
Libérame de esta forma falsa de vivir para
que pueda experimentar verdaderamente la
seguridad y el gozo del contentamiento en ti.*

# Dios suplirá necesidades verdaderas

"¡Tenemos tantas deudas! Son como una nube negra sobre nuestra cabeza y sobre nuestra familia". Esto refleja el clamor del corazón de muchas madres hoy, y tal vez sea el tuyo también. La deuda es un tipo de cautiverio. Reprime tu libertad para disfrutar la vida y te impide ayudar a otros. ¡Empieza un ayuno de gastos! No hagas compras innecesarias. Nuestra familia ha hecho esto varias veces en el transcurso de los años. Es algo que te lleva a apreciar más la disciplina personal y toda la provisión fiel de Dios.

Este es un consejo: no gastes más de lo que ganas. Y recuerda que comprar a crédito te da un falso sentido de seguridad. Dios se glorifica cuando esperas en Él para la provisión que necesitas. Madre, esta es una verdad que transforma tu vida. Ora pidiendo paciencia para esperar. Deja que Dios supla tus verdaderas necesidades. Él lo hará, a su manera y en su tiempo.

*Señor, es muy difícil vivir ajustados a nuestros medios actuales. Nos cuesta mucho, aunque sé que cuidas de nosotros. Perdona mi falta de confianza y de visión. Dependeré de tu provisión para que seas glorificado y mi corazón sea libre.*

# Un dador alegre

¿Tienes un espíritu generoso? ¡Dios *ama* al dador alegre! Puedo recordar el día en que empecé a orar en mi caminata diaria. Mi primera petición de oración fue ser más generosa. Después de examinar mi corazón había descubierto que fallaba en esa área. Así que empecé a orar al respecto diariamente, pidiendo a Dios ser sensible a las oportunidades de dar y a las formas de atender las necesidades de otros, incluidas las de mi propia familia. Como dijo el apóstol Pablo: "Cada uno dé como propuso en su corazón" (RVR-60). Si te *propones* dar, recibirás las bendiciones de Dios. Proverbios 31:20 dice que la mujer allí descrita "tiende la mano al pobre, y con ella sostiene al necesitado". Sus manos estaban abiertas. Con gozo "corrió", literalmente, para dar. Debemos ser igualmente fieles.

*Jesús, ¿en qué áreas falla mi corazón? ¿Qué debo hacer para demostrar mi fe? Muéstrame cómo hacer el bien con mis dones, mi experiencia y mis creencias.*

## *Los mejores amigos*

❀

Después de casarte, puede ser difícil sacar tiempo para las amistades, o darle prioridad a tu esposo si estás más inclinada a pasar tiempo con amigas. Por *supuesto* que las amigas son importantes. Ellas brindan aliento, compañerismo, y con ellas compartes experiencias. ¡Pero tu esposo es tu prioridad! Debes amar a tu esposo como tu *mejor* amigo, como un compañero íntimo a quien aprecias.

Cantares 5:16 dice en un cántico: "¡Tal es mi amado, tal es mi amigo!". ¿Cómo sería la letra de *tu* canción? Si esto no es cierto respecto a tu corazón y a tu matrimonio, y esa relación especial de amistad se ha deteriorado, pide a Dios que obre en tu corazón. Tú y tu esposo fueron los mejores amigos en algún momento, ¡y pueden serlo de nuevo! ¡Esas son excelentes noticias!

*Señor, dame el deseo de tener a mi esposo
como compañero y amigo. Concédenos
momentos para estar juntos sin hablar de
niños o de cuentas. Lo extraño, Señor.*

# *La familia política*

Hablemos de tus padres y de tus suegros. La Biblia abunda en enseñanzas acerca del respeto y la honra que merecen los padres. Efesios 6:2 dice: "Honra a tu padre y a tu madre —que es el primer mandamiento con promesa— para que te vaya bien y disfrutes de una larga vida en la tierra". Esto no es una opción, ¡es un mandato!

No hay excusas. Como mujer cristiana, tienes que honrar a tus padres, y mostrar el mismo respeto hacia tus suegros. Tu nivel de madurez espiritual se revela en estas importantes relaciones. Dios te ha dado toda la gracia y todos los recursos de carácter que necesitas para tener buenas relaciones con todos, incluso tus suegros y parientes políticos. Y nunca olvides que tu ejemplo muestra a tus hijos cómo tratarte a ti y a sus futuros parientes.

*Padre, dame un corazón para mis padres y los padres de mi esposo. Ayúdame a trabajar en ahondar nuestras relaciones. Anímame a guiar a mis hijos a nutrir estos vínculos importantes con su familia y su herencia en la vida y la fe.*

# Un amigo fiel

Hay un proverbio inglés que dice: "Dios, sálvame de mis amigos, yo me encargaré de mis enemigos". He sufrido a causa de algunas personas a las que consideré mis amigas. Y supongo que tú también. Por doloroso que sea, lo más importante en tus amistades es *tu* lealtad. No eres responsable del comportamiento de otros, pero sí lo *eres* del tuyo.

Enseña a tus hijos acerca de la lealtad y la fidelidad en la amistad. A cualquier edad pueden experimentar el dolor de perder un amigo. Proverbios 27:10 dice: "No abandones a tu amigo". Un verdadero amigo permanece a tu lado en todo momento, aun cuando hay que decir una verdad que duele: "Más confiable es el amigo que hiere que el enemigo que besa" (27:6). ¿Mi consejo? Sé sincera. Permanece fiel. Y cuando conviene, guarda silencio.

*Jesús, tú eres mi ejemplo de fidelidad y bondad.*
*No permitas que me enrede en culpa o peleas*
*insignificantes. Dame un amor ilimitado por*
*aquellos a quienes llamo amigos. Ayúdame*
*a amar a otros como tú me amas.*

# El amor no lleva cuentas

Algunas mujeres son muy buenas para olvidar, pero no para perdonar. Otras cumplen con la parte del perdón (o eso dicen), pero insisten en ofensas pasadas. Si actúas de cualquier otra manera que no sea perdonando y olvidando, pasas por alto gran parte de lo que Jesús dijo acerca de la amistad. Recuerdo cuando leía 1 Corintios 13 que el amor no hace nada indebido, y creía entender el significado de estas palabras. Pero hay mucho más en esa afirmación. Significa que el amor no lleva cuentas de lo malo. Los verdaderos amigos y los padres piadosos no mantienen una lista de ofensas, fracasos o errores. Tú no dices a tu hijo o a tu vecino: "Te daré esta oportunidad y ninguna más". Proverbios 17:17 dice: "En todo tiempo ama el amigo". Es incondicional.

*Dios, ayúdame a no aferrarme a ofensas ni recordar las ofensas que cometen mis amigos o familiares. Eso no es vida. Dame la gracia y un corazón amoroso y amigable.*

# Se trata de distracciones

La casa de los sueños de una mujer tiene una habitación para cada hijo y un cuarto lo suficientemente grande para todos sus zapatos. Está bien, es una broma y creo que a ti también te parece gracioso. Pero es increíble cuánto puedes distraerte con los asuntos más triviales. La verdad es que hay mucho más en qué pensar, qué hacer y qué ser. Los zapatos no son el problema. Es la preocupación con *todo aquello* que te impide ser todo lo que Dios quiere que seas. Eso incluye lo que sueñas y en lo que piensas.

Filipenses 4:8 debería inspirarte a pensar en todo lo que es justo. En todo lo puro, todo lo amable. Debes atesorar en tu corazón pensamientos que son edificantes y constructivos. Dios te llama, te *ordena*, a pensar en lo de arriba, a pensar de manera piadosa. ¿Son tus pensamientos dignos de mencionarse en la presencia de Dios? Piénsalo.

*Dios, tú conoces mis pensamientos, y las
distracciones que estorban mi visión y mis
anhelos de piedad. Que el fruto de mi corazón
y de mi mente sea digno de tu presencia.*

# Ocupada todo el tiempo

Decisiones, decisiones. Parece que cada segundo las madres tomaran decisiones por sí mismas o por sus hijos. ¡Somos personas ocupadas! Pero te reto a no gastar todo tu preciado tiempo en los afanes del momento. Programa tu día para incluir tiempo con Dios. Organiza tu vida según las prioridades de Dios. Planifica tu día de tal modo que Dios se glorifique y las personas en tu vida reciban bendición.

Me encantan las palabras de David Brainerd, un misionero que vivió una vida de pasión y propósito: "Oh, cuán precioso es el tiempo, y cuán culpable me siento al pensar que lo he malgastado o desperdiciado, o fallado en ocupar cada fracción de él con quehaceres a la altura de mi habilidad y capacidad". ¿Estás ocupando tu tiempo con actividades que realmente importan?

*Señor, guíame a bendecir a mi esposo, mis hijos, mis amigos, mis vecinos, y otros a quienes debo servir. Dame claridad acerca de cómo aprovechar cada momento de tal manera que yo sea de bendición para otros.*

# Sigue enfocada en Él

Querida madre, ¿te despiertas con buenas intenciones y luego ves cómo se disipan en el transcurso del día? Tu enfoque del día se transformará si lo empiezas con el Señor. El hecho de usar tu mente para leer tu Biblia cambia tu manera de pensar, tu perspectiva, tus decisiones, tu comportamiento y la forma como vives tu vida.

Nunca sabes cómo o cuándo Dios te usará a ti y tus dones particulares. Pero, si te preparas espiritualmente, siempre habrá oportunidades. Tu misión consiste en prepararte y esperar en Dios. Su trabajo es decidir cuándo estás lista. ¡Y todo ocurrirá en su tiempo! Efesios 2:10 dice: "Porque somos hechura de Dios, creados en Cristo Jesús para buenas obras". Él quiere usarte. Lo mejor que puedes ofrecer es mucho, es lo mejor de Dios. ¡Sigue enfocada en Él!

*Padre, mis intenciones y mis pensamientos buenos y nobles se desvanecen tan pronto llora mi bebé o surge una nueva preocupación. Empezaré mi día contigo, para que todo lo que yo haga refleje lo mejor de ti.*

## No malgastes tu mente

A Miguel Ángel le tomó cuatro años pintar el techo de la capilla Sixtina. Tuvo que pintar con gran incomodidad, con su cabeza inclinada hacia arriba sostenido por unos andamios en los muros suspendidos a casi veinte metros por encima del piso. ¡Asombroso! Él nunca dejó de usar su mente, su creatividad, su energía. ¡Y tú tampoco! Tú puedes crecer y ser creativa.

Cuando tienes hijos, te enfocas tanto en su desarrollo que es fácil olvidar que debes cultivar tu propia vida. Puedes orar, leer la Biblia, memorizar pasajes de las Escrituras, usar tus dones. Desarrolla tu mente y tu corazón enfocándote en Dios. Dedícate a aquello que conduce a una vida piadosa. Guarda tu corazón y no malgastes tu mente, o tu vida. Son demasiado valiosos para gastarse en lo que no te ayuda a cumplir el plan y los propósitos de Dios para ti.

*Esta vida es preciosa, Señor. Lo creo. Veo cómo pasan los días y siento que los dejo pasar. No permitas que desperdicie un minuto más. Permíteme crecer en fortaleza espiritual, creatividad, conocimiento, y en todo aquello que sirve a mi familia y tus propósitos.*

# No esperes, sirve

Si estás esperando hasta descubrir tus dones y talentos, *¡no esperes!* Hay demasiadas cosas que Dios nos ha ordenado. No es necesario que caiga un rayo del cielo para que te des cuenta de que estos mandatos son para *ti*. Primera de Pedro 1:22 dice que nos amemos de todo corazón los unos a los otros. Servir, dar y hacer misericordia. Cumple cada día estos mandatos. Un gran ejemplo para mujeres se encuentra en Lucas 8:2-3, donde leemos acerca de un grupo de mujeres fieles que usaron su dinero y sus recursos para apoyar a Jesús y a sus discípulos en sus viajes ministeriales. Tú puedes lograr cosas grandes cuando actúas conforme a la voluntad de Dios. No esperes. Empieza a servir a tu esposo, a tus hijos, a tu comunidad, al Señor.

*Jesús, mujeres piadosas te sirvieron cuando
anduviste en la tierra. Qué gozo tan grande
es saber que no tengo que esperar a tener más
experiencia, educación o dinero. Tú me llamas
a servirte aquí mismo, ahora mismo.*

# Una mujer agradecida

¿Dirían las personas que eres una mujer contenta? ¿Satisfecha con lo que tiene? Quiero presentarte a alguien. Quisiera saber su nombre, pero la Biblia solo se refiere a ella como "la mujer sunamita", en 2 Reyes 4. Es un ejemplo perfecto de contentamiento para ti. Ella era una persona cuidadosa, generosa, a quien Dios usó para brindar hospedaje y alimentación a su profeta Eliseo. Cuando Eliseo le preguntó qué podía darle para retribuirle sus muchas bondades, ella dijo: "¡Nada! ¿Qué más podría desear o necesitar?". Ella comprendió lo que es la gracia, el contentamiento y el servicio. Que tú también puedas extender tu amabilidad a otros sin esperar algo a cambio. Que puedas deleitarte en lo que ya tienes. Que puedas mirar a tus hijos con leche y cereales en sus labios, y a tu casa un poco estrecha y decir: "¿Qué más puedo necesitar o querer?".

*Padre, tengo tantas bendiciones ahora mismo*
*y aún me concentro en lo que hace falta.*
*Admiro a la mujer sunamita y quiero ser*
*como ella, una mujer que encuentra paz,*
*plenitud y gozo en su oportunidad de servir.*

# Que empiece a estirar

Muchas madres sienten que el tiempo nunca alcanza. La buena noticia es que el verdadero problema no es la cantidad de tiempo que tenemos, sino cómo lo administramos. La administración del tiempo es muy liberadora si la consideras como un medio para crecer, ministrar y hacer lo que Dios ha dispuesto para ti. El cuerpo de Cristo necesita tus dones y lo que solo tú puedes ofrecer. Si manejas tu vida con pasión y propósito, *tendrás* tiempo para servir, apoyar y enseñar a otros.

Cuando surgen las oportunidades para ministrar, oportunidades que con seguridad exigen que estires tu tiempo, está preparada. Empieza por asegurarte de que estás creciendo. Luego prepárate. Sé una buena administradora del tiempo y la energía. ¡Busca ayuda en el Señor, y que empiece a estirar el tiempo!

*Dios, estoy realmente dispuesta a extenderme y crecer.*
*Ayúdame a estirar mi tiempo administrándolo*
*como buena mayordoma y mujer piadosa.*

# *Un corazón de amor*

"Siento que tiran de mí por todas partes. No es falta de amor por mi parte. Simplemente estoy cansada". Entiendo en qué situación se encuentra esta madre. Cuando estoy estresada, lo *último* que deseo es que me pidan más ayuda. Aun cuando te sientes más incapaz de amar, eres capaz de servir mediante un acto deliberado de tu voluntad. Tú puedes, por la gracia de Dios, dar amor cuando quieres retenerlo, ayudar a otros cuando quieres descansar, y servir cuando preferirías que alguien te sirviera.

Efesios 5:2 te guía a llevar "una vida de amor, así como Cristo nos amó y se entregó por nosotros". Cuando te sientes frustrada y agotada, busca el amor de Dios, y Él te dará la actitud correcta: ¡un *corazón* de amor!

*Jesús, cuando te sigo, puedo andar en amor. Tu gracia me brinda la fortaleza y la motivación que necesito para servir y ayudar a otros. Quiero que mi vida esté llena de tu corazón de amor.*

# Amor: sacrificio de ti misma

Es fácil amar a las personas que pueden retribuir ese amor. Pero ¿qué de los que no? Jesús hizo esta sorprendente declaración en Mateo 5:44-45: "Pero yo les digo: Amen a sus enemigos y oren por quienes los persiguen, para que sean hijos de su Padre que está en el cielo". Dios *espera* que ames a quienes resulta difícil amar, tal como Él te amó cuando estabas perdida en tu pecado. El amor de Dios *nunca* se merece, sencillamente *es*.

Es lógico esperar que cuando eres amable con otros, ellos te devuelvan amabilidad, ¿no es así? ¡Error! Y tal vez tengas las cicatrices que lo demuestren. Sin embargo, Jesús dijo, sin excepción, "que se amen los unos a los otros. Así como yo los he amado, también ustedes deben amarse los unos a los otros" (Jn. 13:34). El amor es el sacrificio de ti misma por el bien de tu esposo, tus hijos, e incluso tus enemigos.

*Señor, es difícil interesarme por aquellos que son*
*indiferentes. Pero miraré a cada una de esas personas*
*a través de tus ojos de amor, tu amor incondicional.*

## Lo correcto en el momento correcto

He olvidado cuántas veces he querido decir lo correcto y he fallado. Es demasiado fácil entretener pensamientos negativos incluso hacia tu amada familia y amigos. Y luego, cuando tienes la oportunidad de brindar palabras de ánimo, tu corazón negativo prevalece y desperdicias la oportunidad de hacer lo correcto, lo que nace del amor. Para acabar con esto tienes que aplicar los parámetros bíblicos a tu manera de pensar y hablar.

Filipenses 4:8 te llama a considerar "todo lo verdadero, todo lo respetable, todo lo justo, todo lo puro, todo lo amable, todo lo digno de admiración, en fin, todo lo que sea excelente o merezca elogio". Cuando lo haces, tu respuesta cambia. Cultiva un corazón de amor, y usa tu lengua para glorificar a Dios.

*Dios, pensaré en lo que es bueno y justo*
*para que cuando me des la oportunidad de*
*animar o acompañar a otro, pueda estar lista,*
*dispuesta y más que capaz de hacerlo bien.*

# Brillo

Muchas mujeres dicen que quieren ser "felices". El problema con la búsqueda de la felicidad es que depende de las circunstancias que rodean tu vida, las cuales pueden cambiar con tanta frecuencia y rapidez como el clima.

El joyero pone el diamante frente a una tela negra para que cuando la luz golpea todas sus caras, el brillo contraste aún más contra el fondo negro. Así es el gozo: brilla más en contraste con la oscuridad de las pruebas y las dificultades. El gozo en el Señor nada tiene que ver con tu situación. Antes bien, nace del interior y tiene todo que ver con tu relación con Jesús. Tu gozo radica en Dios que es fiel e inmutable. Es permanente. Tú puedes llevar su gozo *dondequiera* que vas, ¡sin importar lo que suceda en tu vida!

*Gracias a ti, Señor, tengo un gozo que me acompaña*
*dondequiera que voy. Es mío, sin importar lo*
*que me suceda. Y me lleva a brillar en contraste*
*con el trasfondo de mi más oscura prueba.*

# Dios es suficiente

Ah, ¡paz! ¿Cómo la definirías? ¿Un sentido de bienestar? La paz no depende de las circunstancias. No la paz de Dios. Su paz prevalece sin importar lo que pase. Nada tiene que ver con las situaciones cambiantes de la vida. Nada tiene que ver con cualquier crisis que puedas enfrentar hoy. Tiene todo que ver con saber que cualquier suceso está en las manos de Dios. Es saber que Dios es absolutamente suficiente en cualquier situación. David pudo decir en el Salmo 139:8-10: "Si subiera al cielo, allí estás tú; si tendiera mi lecho en el fondo del abismo, también estás allí. Si me elevara sobre las alas del alba, o me estableciera en los extremos del mar, aun allí tu mano me guiaría". La paz no es ausencia de conflicto; es la *presencia* de Dios, sea cual sea el conflicto. ¡*Descansa* en ese pensamiento!

*Dios, siempre he esperado que la paz venga cuando desaparezca el caos y se resuelvan todos mis problemas. Dame sabiduría y entendimiento acerca de cómo se percibe tu paz, cómo se manifiesta y lo que puede lograr cuando ando en ella.*

# La medida de plata

El mundo en que vivimos afirma que el dinero es la medida del éxito. Sin embargo, una de las mejores enseñanzas que puedes dar a tus hijos no es cómo invertir en los mercados apropiados, sino en invertir en su reputación, en su carácter.

Proverbios 22:1 dice: "Vale más la buena fama que las muchas riquezas, y más que oro y plata, la buena reputación". Tu carácter y el de tus hijos es más importante que el dinero. Tu reputación es más valiosa que la riqueza. Proverbios 16:16 dice: "Más vale adquirir sabiduría que oro; más vale adquirir inteligencia que plata". Enseña a tus hijos conductas y actitudes piadosas, y estas añadirán al valor de su reputación. También ellos invertirán sus corazones en la gran abundancia del contentamiento, el gozo y el propósito que Dios da. ¡Una buena reputación y una vida de honor son mejores que la plata!

*Señor, ayúdame a enseñar a mis hijos a respetar y valorar su reputación. Que sus acciones y palabras glorifiquen tu nombre.*

# *Oración contestada*

¿Te parece en ocasiones que Dios no contesta tus oraciones? La verdad es que Dios *sí* contesta la oración. Mateo 7:7 dice: "Pidan, y se les dará; busquen, y encontrarán; llamen, y se les abrirá". A medida que crece tu comprensión de la poderosa promesa de Dios de la oración contestada, recuerda que debes pedir con fe. Como dice Santiago 4:3, debemos orar sin motivos egoístas y conforme a la voluntad de Dios. A veces no tienes respuestas porque no pides. Te preocupas, comentas con otras personas, pero no le presentas el asunto al Señor. Y cuando crees que tus oraciones no son contestadas, culpas a Dios. Pero Jesús dijo: "Hasta ahora no han pedido nada en mi nombre. Pidan y recibirán, para que su alegría sea completa" (Jn. 16:24). ¿No te parecen buenas noticias?

*Dios, me he inquietado mucho, pero no he buscado tu dirección ni te he presentado mis peticiones. Gracias por escuchar hoy las necesidades de mi corazón.*

# Un trasplante de corazón

"Supongo que soy feliz. Pero pensé que de alguna manera mi vida sería… es decir, más…". Es fácil pensar de esa manera después de un día difícil de criar a los hijos. Este sentimiento es la oportunidad para hacer un cambio, un cambio de corazón. En el Antiguo Testamento, Dios prometió dar a su pueblo "un nuevo corazón… un espíritu nuevo; les quitaré ese corazón de piedra" (Ez. 36:26). La promesa de cambio que Dios ofrece dice que si alguno está en Cristo es una nueva creación. "¡Lo viejo ha pasado, ha llegado ya lo nuevo!" (2 Co. 5:17). Juan 3 lo llama el nuevo nacimiento. ¡Dios opera en ti un trasplante espiritual de corazón! Él reemplaza ese corazón de piedra por un corazón de carne. Y este nuevo corazón opera dentro, fuera y por medio de tu vida, tu matrimonio y tu familia. Trae cambio. ¿Qué cambios? No es simplemente ser feliz, es gozo. Es decir, ¡es más!

*Señor, dame cada día una oportunidad para*
*hacer de mi vida algo más, confiándola a ti y*
*a tu dirección. Tú le darás ese toque especial*
*a mi diario vivir. Te alabo por esto.*

# Ayuda a otros

Hay muchas madres que luchan con la soledad. ¿Eres una madre soltera? ¿Te sientes desconectada de tu esposo? ¿Ha viajado en una misión militar o un viaje de trabajo? Todas necesitamos un hombro para llorar después de un día difícil. ¿Y qué día de crianza no es un poquito difícil? Cualquiera que sea la razón de tu soledad, Dios está presente para ayudarte y consolarte. El Salmo 147:3 es una de las tantas promesas que te recuerda que Él es el Dios todopoderoso que elige buscar y sanar al quebrantado de corazón. ¡Es una promesa! Descansa en ella.

Anímate. Tu sufrimiento y el consuelo de Dios se vuelven tus maestros para que tú puedas, en su momento, ayudar a otros con consuelo y fortaleza. ¿Guiarás a otros al hombro y al corazón de Dios? Ayuda a otros, hoy mismo, incluyendo a tus hijos y al padre de ellos.

*Dios, vengo a ti hoy en busca de consuelo, y seguridad.*
*Cúbreme con tu amor y dame tu paz. Contaré de*
*tu bondad y hablaré de tu consuelo que perdura.*

# Señales en el camino

¿Buscas dirección? ¿Servirían algunas señales en el camino? A medida que descubres y aprendes a usar mejor tus principales dones espirituales, guíate con esta pequeña lista de confirmación: ¿Lo que haces te produce gozo? Este es un claro indicador de que se trata de un don. Tu servicio debería traducirse en bendición para otros. Luego, ¿qué parece que Dios bendice más? Tu servicio será afirmado por los demás. ¿Qué agradecen los demás de ti? ¡Tu servicio creará nuevas oportunidades para servir aún más! ¡Qué te piden los demás que hagas?

Un ministerio que se hace en el Espíritu, sin egoísmo y sin reservas, glorificará a Dios, no a ti. Servir al Señor te conducirá a nuevas señales en el camino y a más oportunidades para servir. ¡Dios es bueno!

*Padre, deseo seguir las señales que tú has dispuesto.*
*Amo a mi familia y quiero vivir como un ejemplo*
*de obediencia sin reservas a la dirección y al amor de*
*mi Padre celestial… con alabanza en mis labios.*

# Dios no ha terminado contigo

¿Sientes que avanzas tres pasos y retrocedes dos en tu andar con Cristo? Ánimo. Cuando Dios empieza un proyecto, y esa eres tú, Él lo completa. Cuando te sientes incompleta, o un fracaso, Dios está obrando en ti. Cuando dudas de tus habilidades como madre o de tu capacidad para salir adelante en el mundo, Dios continúa su obra en ti.

Pablo dice en Filipenses 1:6: "Estoy convencido de esto: el que comenzó tan buena obra en ustedes la irá perfeccionando hasta el día de Cristo Jesús". Pablo escribió esto porque sus amigos estaban creciendo en su fe cristiana, y él quería comunicarles su confianza en la fidelidad de Dios para continuar el crecimiento espiritual que había comenzado en sus vidas. Dios hará lo mismo por ti y por mí.

*Señor, me emociona pensar en la obra continua*
*que haces en mi vida, como madre y como*
*mujer de Dios. Dame la confianza y el valor*
*que vienen de saber que me guiarás.*

# Confiada y segura

Si yo pudiera, haría que toda mujer se sintiera confiada y segura por lo que es. No puedo hacerlo, ¡pero Dios sí! Conozco muchas madres que sufren de baja autoestima, pobre imagen propia y falta de confianza en sí mismas. Pero ¿cómo puede suceder esto si estás en Cristo? ¿Si perteneces al poderoso Dios del universo? ¿No es Él suficiente para darte confianza y valor? Me encanta esta bendición de Judas 24: "¡Al único Dios, nuestro Salvador, que puede guardarlos para que no caigan, y establecerlos sin tacha y con gran alegría ante su gloriosa presencia, sea la gloria, la majestad, el dominio y la autoridad… ahora y para siempre!". Amiga mía, *esa* es la confianza que tienes en Cristo.

*Jesús ¿por qué dudo de mi valor? ¡Te tengo
a ti y tu confianza como mi fundamento!
Permaneceré segura en tu presencia y creeré que
soy amada. En ti tengo todo lo que necesito.*

# Dios promete una salida

La tentación es tramposa. Nos sentimos culpables por ser tentadas, y luego nos sentimos indignas de pedir ayuda a Dios. Cuando te sientes tentada a gritar a tus hijos o a tener secretos con tu esposo, Dios tiene una promesa para ti en 1 Corintios 10:13: "Ustedes no han sufrido ninguna tentación que no sea común al género humano. Pero Dios es fiel, y no permitirá que ustedes sean tentados más allá de lo que puedan aguantar. Más bien, cuando llegue la tentación, él les dará también una salida a fin de que puedan resistir". Esta es la promesa de Dios de proveer una "salida". Cuando eres tentada, Él proporcionará un escape. La tentación en sí misma no es pecado, ¡sino ceder a ella! Dios proveerá lo *que* necesitas, y *cuando* lo necesitas. Descansa en su promesa, y florece en su poder.

Dios, muéstrame la salida de mi tentación.
Me aleja de tu propósito. Nubla mi mente
cuando quiero ser una madre fiel y diligente.
Gracias por darme el poder y la fortaleza para
soltar esta tentación de una vez por todas.

# Un don increíble

"No puedo hacer frente a mí misma, mucho menos a Dios. ¿Cómo podrá perdonarme?". Cuando Jesús dijo en la cruz "consumado es", ¡fue consumado! Por tus pecados y los míos. El perdón de Dios es completo cuando aceptas que Jesús murió por tus pecados. *Todos* tus pecados. Y este perdón es permanente porque la obra de Jesús es permanente.

Y la verdad se pone aún mejor. Dios no solo perdona todo pecado, sino que lo *olvida*. Como nos dice el Salmo 103:12: "Tan lejos de nosotros echó nuestras transgresiones como lejos del oriente está el occidente". No debes vivir de manera descuidada porque tienes esta seguridad. Pero si pecas, puedes tener la certeza de que Dios ya te ha perdonado. Habla de este increíble don a tus hijos y a toda persona con quien te encuentres esta semana.

*Dios, gracias por tu misericordia. Pido que pueda andar en un camino de fe con mis ojos puestos en ti y mi corazón fiel a tus designios. Guíame en mi labor de madre. Ayúdame a criar hijos que respeten el gran don del perdón.*

# Tu conducta es reveladora

Si quieres ver algunos cambios en tu matrimonio, hoy es tu oportunidad para un nuevo comienzo. En una época tuve que hacer ajustes porque mi matrimonio no funcionaba. Claro, yo me esforzaba, pero no era suficiente. Cuando examiné mi conducta pude ver los problemas con toda claridad. Le daba respuestas negativas a Jim sin pensar siquiera en sus sugerencias o en mi respuesta. Alzaba mi voz sin darme cuenta. ¡Pero Jim sí lo notaba! De modo que escribí cada conducta problemática en una página de mi cuaderno de oración titulada *propósitos*. Luego oré cada día por un cambio. Poco a poco, empezó a suceder. Como dijo Pablo en Efesios 4:24, yo debía ponerme "el ropaje de la nueva naturaleza, creada a imagen de Dios". Te animo a observar tu conducta. Te alegrará hacerlo. Y tu esposo y tus hijos te lo agradecerán.

*Dios, ¿qué conductas necesito cambiar? ¿Cómo afectan negativamente a mi familia? Pido que me lo reveles. Y dame un corazón receptivo y tierno que esté dispuesto a abrazar una verdadera transformación.*

# ¡Otra vez, oración!

¿Por qué es difícil cultivar una vida de oración? Se me ocurren varias razones por las cuales no es fácil orar. En primer lugar, es un ejercicio que requiere disciplina. La sola palabra *disciplina* puede cansarte. O piensas que estás demasiado ocupada para dedicar tiempo para orar. Asimismo, muchas madres que oran con regularidad luchan con el aburrimiento. Repiten lo mismo una y otra vez, y la oración se vuelve más una rutina que una relación.

Por favor, no dejes de entrar en la presencia de Dios con gozo y de recibir la bendición de una relación auténtica con tu Señor. Efesios 3:20 dice que Dios "puede hacer muchísimo más que todo lo que podamos imaginarnos o pedir". Fíjate una meta: dedica cinco minutos diarios a la oración ¡Tú puedes hacerlo! Luego, toma seriamente las palabras de Filipenses 4:6: "presenten sus peticiones a Dios".

*Jesús, vengo a ti hoy para estar en tu presencia, para escuchar, para hablar, para volver a escuchar. Necesito de ti y tu esperanza para llegar a ser la madre y la mujer que anhelo ser.*

# Gracia

Cuando permites que la gracia de Dios tome el control en tiempos difíciles, Él te dará la fortaleza que jamás creíste poseer. El apóstol Pablo dijo a los cristianos de Corinto que experimentarían debilidades, insultos, angustias, persecuciones y dificultades, pero que podían gozarse porque Dios tenía todo bajo control. Este es un acróstico que te puede ayudar como madre a entrar rápido al camino de la gracia:

Gracias da a Dios por su gracia;
Responde con actitud de amor y obediencia;
Acércate a Dios pidiéndole sabiduría para
Comprender lo que significa la gracia de Dios en
    tu vida y en tus relaciones.
Involúcrate con otros cristianos en una iglesia
    que enseñe la Biblia;
Acerca a otros la gracia de Dios comunicando el
    evangelio y manifestando perdón.

Que la dulce gracia de Dios obre en tu corazón y en tu vida. Te asombrará su fortaleza y su poder.

*Padre, mis adversidades no me vencerán porque*
*vivo en tu gracia. Ayúdame a comunicarla*
*a mi esposo, a mis hijos y a todo el que*
*necesite oír de tus tiernas misericordias.*

# Eres un tesoro

Madre piadosa, eres de gran estima. Enseñas, cuidas, alimentas, consuelas y bendices a tu familia. Y la Biblia dice que si eres una esposa piadosa, eres el mayor tesoro de tu esposo. Sé que a diario no lo sientes así. Quizá tú misma no satisfagas tus propias expectativas en tu papel como esposa. O tal vez tu esposo no te diga cuánto te estima. Sin embargo, eso no cambia esta verdad: cuando consagras tu camino a Dios, eres un tesoro.

Gracias a tu carácter, humildad, sabiduría y fidelidad, la Biblia dice que tu esposo "no carecerá de ganancias" (Pr. 31:11, RVR-60). ¿Por qué? Porque Proverbios 31:10 declara: "Mujer ejemplar, ¿dónde se hallará? ¡Es más valiosa que las piedras preciosas!". ¡*Eso* sí que es un éxito!

*Dios, permíteme ser un gran tesoro para mi esposo, mi familia, y para ti. Guárdame en caminos de piedad, honra y pureza para que pueda ser una fuente de riqueza espiritual y una fuente de aliento para mis seres queridos.*

# Confía en el Señor

Confía en el Señor de todo corazón. Es fácil exclamar "¡sí!" cuando lees esto en la Biblia, pero no es tan fácil ponerlo en práctica, ¿verdad? Pero, ¿puedes construir esa confianza? ¡Dos veces "sí"! Puedes lograrlo dependiendo de Dios, confiando en Él, y descansando por completo en su sabiduría, tal como dice Proverbios 3:5: "Confía en el Señor de todo corazón, y no en tu propia inteligencia". Aunque es tentador querer tomar los asuntos en tus propias manos, la Biblia dice: "No seas sabio en tu propia opinión" (v. 7). Mira siempre la voluntad de Dios, ¡siempre! Él enderezará tus sendas. Salomón dijo: "Reconócelo en todos tus caminos" (v. 6). Ese es un consejo sabio.

Dios te guiará a cumplir sus propósitos y no los tuyos. Al confiar en Él llegarás a ser más como el Maestro y más como una madre conforme al corazón de Dios.

*Esta vez lo digo en serio. Quiero confiar en ti, Señor, con todo mi corazón y con toda mi alma. Cuando dar un paso de fe me exija salir de mi zona de comodidad e ir más allá de mi visión limitada, confiaré en que tú me llevas y me guías.*

# Hay esperanza

¿Sientes que la vida se desploma? ¿Tienes problemas con tus hijos o con tu trabajo? ¿Te invade la desesperanza cuando te detienes a pensar? Tengo algo que te puede animar: hay esperanza, y puedes encontrarla en Dios.

Corrie ten Boom fue prisionera en un campo de concentración nazi. Nadie necesitó esperanza tanto como ella. Esto dijo: "Nunca temas confiar un futuro desconocido a un Dios conocido". Gracias a Jesucristo conoces tu futuro. Es un futuro de esperanza. La próxima vez que te preocupes por circunstancias que están fuera de tu control, ora. Todo está en las manos de Dios. Que tu inquietud se vuelva un tema de oración, y experimentes la bendición expresada en Romanos 15:13: "Que el Dios de la esperanza los llene de toda alegría y paz a ustedes que creen en él". ¡Abunda en esperanza!

*Dios, yo puedo agravar los problemas*
*cotidianos. Debo descansar en tu esperanza*
*cada mañana, cada noche y cada momento del*
*día. Hoy te entrego mis preocupaciones acerca*
*de mi familia y acepto tu paz a cambio.*

# De la melancolía al gozo

¡Venir a Cristo produjo un *gran* cambio en mi matrimonio, y en *mí* como esposa! No me hice cristiana hasta que tuve 29 años. Jim y yo llevábamos casados ocho años. Jim era cristiano, así que podrás imaginar las discusiones, los desacuerdos y los malentendidos que teníamos acerca de "religión". Esos fueron años inestables, por decir lo menos. ¡Pero la transformación en mi corazón, mente y comportamiento cuando acepté a Cristo fue sorprendente! Y fue instantánea. La esperanza llenó mi vida, mi matrimonio y mi visión de madre. La paz de Dios me cubrió, y no me preocupé más por el futuro. La melancolía que había traído a mi matrimonio fue reemplazada por luz y gozo. Querida amiga, las bendiciones fluyen cuando conoces y confías en el Señor. Entrégale tu corazón. Dale tu vida.

*Padre, hoy te rindo mi vida. Estoy lista y dispuesta a entrar en la plenitud de tu gracia. Quiero la paz que reemplaza el temor. Quiero que tu gozo me llene a mí y a mi hogar. Transfórmame, Padre.*

# La Biblia, un excelente lugar donde estar

Si estás buscando un buen lugar donde pasar tu tiempo, ¡la Palabra de Dios es un excelente lugar donde estar! Nunca perderás el tiempo si lo pasas en la Palabra de Dios. ¿Necesitas sabiduría? ¿Aliento? ¿Fortaleza? ¿Dirección? ¿Perdón? Hay un sinnúmero de razones para buscar refugio en las Escrituras.

Hebreos 4:12 describe la Biblia como "viva y poderosa" y "más cortante que cualquier espada de dos filos". Cuando meditas en la Palabra de Dios, ella habla a tu corazón. Señala comportamientos y actitudes que no se conforman a la norma de Dios para ti. ¡Deja que la Palabra de Dios te enseñe! Martín Lutero dijo: "La Biblia está viva; me habla, me persigue; tiene manos, me atrapa". Dios quiere que vivas plenamente tu vida.

*Señor, apenas hojeo tu Palabra cuando debería buscar en ella diariamente mi fuerza y esperanza para vivir, crecer, amar y ser madre. Enséñame. Y dame sabiduría para enseñar a mis hijos dónde pueden encontrar siempre tu verdad.*

# ¿Es esa tu alarma?

¿Estás dispuesta a empezar tu día con el Señor? Debo advertirte que si tomas en serio esta disciplina, cambiará tu vida, tu agenda, tus prioridades, tu enfoque, tu perspectiva. ¡Todo! Pero para empezar, debes programar tus días de tal manera que incluyan tiempo para buscar el corazón de Dios. Para muchas madres ocupadas la única manera de disfrutar tiempo con Dios es programar la alarma 30-45 minutos más temprano. Hay una recompensa de la que habló David en el Salmo 19:10. Él dice que no solo tendrás más hambre y sed de pasar tiempo con el Señor, sino que sus palabras se volverán "más dulces que la miel, la miel que destila del panal". Que la Palabra de Dios sea tu pasión. ¡Nunca serás la misma!

*Jesús, me gusta tener el control. Pero las cosas no funcionan a mi manera. Estoy demasiado ocupada, impaciente con los niños y atrapada en banalidades. Oigo sonar la alarma… y estoy lista para ser transformada en y por tu presencia.*

# Siempre está Dios

Dios sabe lo que hace. Él no espera que le digamos lo que hay que hacer. Pero eso no puede ser tu excusa para no orar. Puesto que Dios ama su relación contigo, te anima a buscarlo y clamar a Él. Muchas madres sienten que no tienen nadie con quién hablar ni alguien que *realmente* las entienda. Pasan tanto tiempo con pequeños que rara vez hablan de asuntos del corazón. Pero cuando parece que no hay nadie con quién hablar, o incluso cuando lo hay, Dios está dispuesto a escuchar. Y Él te entiende.

Hebreos 13:5 dice que el Señor nunca te dejará ni te abandonará. De nadie más puedes decir algo semejante ¿o sí? Disfruta el privilegio de hablar con tu Padre celestial, y luego aguarda su respuesta y su obra a favor tuyo.

*Señor, tú conoces las profundidades de mi ser.*
*Tú conoces mis penas y problemas, y conoces*
*mi futuro. Gracias por amarme y recibirme*
*en tu presencia con un corazón atento.*

# Ahora es el momento perfecto

Ahora es el momento perfecto para recordar la gracia sublime de Dios. Pensar en la bondad y en la misericordia de Dios te mantendrá humilde, agradecida, y en actitud de adoración a lo largo del día. Y la gracia de Dios es suficiente, suficiente para sostenerte todo el día y toda tu vida. Esto significa que nunca enfrentarás una prueba con tu hijo, una lucha en tu matrimonio o un conflicto en el trabajo que no puedas manejar con la fortaleza de Dios.

Cuando la economía falla, la gracia de Dios es suficiente. Cuando un ser querido batalla por su salud, la gracia de Dios es suficiente. Cuando un niño sufre, su gracia está presente. Puedes andar en el Espíritu, llena del amor de Dios, de gozo, paz, paciencia, dominio propio y sabiduría, sin importar lo que acontezca en tu vida. ¡Dios lo promete!

*Señor, fallo cada vez que trato de arreglar
mis problemas o crisis. No puedo solucionar
todo para mi hijo. No puedo sanar la
enfermedad. Pero puedo acudir a ti y descansar
en tu gracia amorosa y suficiente.*

# Cinco palabras transformadoras

¡Cinco palabras transformaron mi vida! ¿Cuáles son? "A poca importancia, poco tiempo". Con ellas empezó una completa revolución en mi vida que continúa hasta hoy. Ahora examino cada decisión, actividad y minuto según esta sabia norma. Pregunto en oración: "Padre, ¿cabe esto en tu plan para mí? ¿Me ayudará a ser una mujer mejor y a usar mis dones y habilidades? ¿Contribuye al bien de otros? ¿Merece la inversión de mi tiempo?".

¿En qué gastas *tu* tiempo? Es una pregunta que debes responderte de vez en cuando. Es asombroso cómo puedes enredarte en los asuntos más triviales, insignificantes y menos espirituales de la vida. Que estas cinco palabras transformadoras de sabiduría traigan orden a tu vida hoy y en los días venideros.

*Jesús, no dejes que malgaste mi energía, mi preocupación y mis preciosos días en asuntos de menor importancia. Dame tu perspectiva eterna para darle prioridad a lo que es importante, empezando por mi esposo, mis hijos y la búsqueda de tu voluntad.*

## *Más energía*

¿Tienes un estilo de vida que te aporta energía? Este es un pequeño cuestionario que puede ayudarte a evaluar tu respuesta: ¿Necesitas bajar de peso? ¿Hacer un poco más de ejercicio? ¿Escoger mejor lo que comes? ¿Acabar con un vicio? ¿Acostarte más temprano? Podría continuar, pero ya conoces la lista. ¡Toda mujer conoce la lista! Y tú entiendes que para encontrarte con el Señor temprano en la mañana, atender a tu familia o servir en el ministerio, la salud, la energía y las fuerzas son indispensables.

Yo oro y pido con vehemencia a Dios tener un cuerpo sano. Y ese acto de obediencia viene acompañado de más disciplina, determinación y dedicación. Pide lo que necesitas recibir del Señor, y luego vive conforme a las promesas que Él cumple a diario en ti.

*Dios, dame un cuerpo, una mente y un espíritu sanos. Ayúdame a cultivar hábitos que me fortalezcan y aporten energía. Quiero ser ejemplo para mis hijos de una vida equilibrada, una fe convencida, y de compromiso con la integridad.*

# *Un día nada más*

Lo único que tienes es un día. ¡*Hoy*! Puede que a veces actúes como si el tiempo fuera ilimitado pero, como madre, sabes mejor que nadie que los días vuelan y se vuelven años. Tus hijos cambian delante de tus ojos. Que esto te recuerde la necesidad de vivir un día a la vez. Un pequeño paso que puedes dar es hacerte con frecuencia las siguientes preguntas: (1) ¿Cuál es el plan y el propósito de Dios para mi vida? (2) ¿Qué quiero lograr en mi vida? (3) ¿Cómo quiero que mi vida ayude a otros? (4) ¿Qué legado quiero dejar?

Pide a Dios claridad y revelación para las respuestas. Y ora como nos enseña el Salmo 90:12: "Enséñanos a contar bien nuestros días, para que nuestro corazón adquiera sabiduría".

*Dios, el día de hoy cuenta. Mis decisiones cuentan.*
*No hay tiempo que perder. Cada momento,*
*ayúdame a ver todo lo que cada cosa es, y lo que*
*puede ser cuando se entrega en tus manos.*

# ¿Quieres una vida mejor?

¿Así que quieres una vida mejor? ¡Tengo buenas noticias para ti! Empieza con Filipenses 3:12: "No es que ya lo haya conseguido todo, o que ya sea perfecto. Sin embargo, sigo adelante esperando alcanzar aquello para lo cual Cristo Jesús me alcanzó a mí". Debes perseverar y abrazar lo que Jesús tiene reservado para ti.

Esta es una oración del Salmo 39:4: "Hazme saber, Señor, el límite de mis días, y el tiempo que me queda por vivir; hazme saber lo efímero que soy". Eres un ser vulnerable. Serás lastimada. Ya tienes cicatrices. Pero hay una vida mejor para ti cuando te aferras a las promesas de Dios y a tu victoria en Cristo. Luego, querida amiga, sabrás todo lo que necesitas acerca de la vida buena y de tu futuro.

*Jesús, tú has hecho todo lo necesario para mi futuro. Tú planeas una vida mejor para mí y para mi familia porque tú nos diriges en tu voluntad y nos guías hacia la eternidad.*

# *Nunca afanada*

¡Las madres manejan horarios que harían sudar a la mayoría de los ejecutivos! Menos mal que tienes la vida de Jesús como inspiración. Jesús es el ejemplo supremo de una persona ocupada. Sin embargo, nunca estaba afanado. Nunca estaba apurado y sin aliento. Cada movimiento en su agenda y en su día estaba cuidadosamente planeado. Y dedicó tiempo a las personas.

¿Cómo pudo lograrlo? Jesús conocía bien sus prioridades. ¿Quieres simplificar tu vida? Determina las prioridades de Dios para ti y para tu familia. Entonces tu agenda se organizará. Me fascinan las palabras de aliento de Pablo en 1 Corintios 15:58: "Por lo tanto, mis queridos hermanos, manténganse firmes e inconmovibles, progresando siempre en la obra del Señor, conscientes de que su trabajo en el Señor no es en vano".

*Jesús, que pueda ser constante en la búsqueda de tus prioridades. Ayúdame a detenerme en un día atareado para escuchar a mi hijo contar una historia. Ayúdame a oír atentamente a mi esposo. Y que pueda estar atenta a las personas necesitadas.*

# Cuatro consejos de Dios para las esposas

El matrimonio, si ha de ser bueno, requiere trabajo. Mucho trabajo. Y paciencia en abundancia. Requiere compromiso. Exige determinación. ¡Y toma tiempo! No sé si te sucede lo mismo, pero cuando algo entre Jim y yo no funciona, me siento desdichada. Y cuando una mamá es desdichada, los hijos lo perciben. ¿Qué espera entonces Dios de una madre? Yo uso lo que denomino "los cuatro consejos de Dios para las esposas". Mira los siguientes versículos y abraza la Palabra de Dios para ti. (1) Ayuda a tu esposo (Gn. 2:18). (2) Sigue el liderazgo de tu esposo. Quizás esto no goce de la simpatía de muchos, ¡pero es lo correcto! (Ef. 5:22). (3) Respeta a tu esposo (Ef. 5:33). (4) Y Tito 2:4 dice que ames a tu esposo.

Ayúdalo, síguelo, respétalo, ámalo. Que estas cuatro palabras se conviertan en metas de por vida para ti y para tu matrimonio. ¡Sí que valdrá la pena!

*Dios, con tu ayuda puedo fortalecer mi matrimonio y el fundamento que mis hijos llaman hogar. Tú me das la dirección para avanzar como esposa y madre piadosa cuando atiendo a los cuatro consejos que me has dado.*

# Totalmente inmerecido

¿Alguna vez has hecho algo realmente malo? ¿Algo que *todos* sabían que estaba mal, y aun así te perdonaron? ¡Entonces sabes en qué consiste la gracia! La misericordia de Dios. Es el favor de Dios, ¡inmerecido! Oye la oración de Nehemías de gratitud a Dios por su gracia para con la nación de Israel: "Es tal tu compasión que no los destruiste ni abandonaste, porque eres Dios clemente y compasivo" (9:31).

¿Y qué de ti? Efesios 2:8 dice: "Porque por gracia ustedes han sido salvados mediante la fe; esto no procede de ustedes, sino que es el regalo de Dios". Es el favor deliberado de Dios hacia ti. No lo puedes ganar. La única manera de recibirlo es por la fe en Jesucristo. Como madre que se deleita en la salvación de Dios, ¡tú experimentarás la gracia sublime, suficiente y transformadora de Dios!

*Señor, cuando medito en mi vida pasada, veo que muchas veces me has protegido, me has salvado de mí misma, me has conducido a tu voluntad, y me has perdonado. Hoy, y cada día, quiero expresar mi gratitud a ti por mis hijos, mi fe y mi vida bendecida.*

# *Nuestro dinero no nos pertenece*

Tú eres mayordomo de todo en tu vida, incluso de tus finanzas. Y como la mayoría de madres, quizá tengas que estirar tu presupuesto. Ya sea que tengas mucho o poco, debes seguir la enseñanza de Dios acerca de dar. Primero, tienes que saber lo que subraya Job 1:21: que el dinero que tienes no es tuyo, sino de Dios. Luego, tienes que perseverar en el principio de Mateo 25:23: si eres fiel en lo poco se te dará mucho. Dar es algo que se retribuye de muchas formas.

¿Qué tienes que Dios te haya dado? ¿Qué harás con eso? La conclusión es que Dios se hará cargo de cada área de tu vida. ¡Sé fiel con lo que Él ya te ha dado! Y alábale por todo lo que te dará en el futuro.

*Señor, siempre que tengo miedo, doy menos. Pero entiendo que el miedo no tiene lugar en una vida de fe. Ayúdame a dar con gracia y constancia aun cuando los recursos son limitados. Y confío en que tú me mostrarás cómo, cuándo y dónde dar.*

## *Hecha para relacionarte*

No cabe duda de que el contentamiento, en especial en el área de las relaciones, es algo complicado. Es natural enojarnos con nuestros hijos y criticar a nuestro esposo. Pero Dios deja claro en 1 Timoteo 6:6 que "gran ganancia es la piedad acompañada de contentamiento" (RVR-60). Es la mayor bendición de la que puedes gozar en este mundo. Sin embargo, el contentamiento puede parecer algo que solo tienen otras personas. Pero las palabras alentadoras de Pablo en Filipenses 4:11 nos dan esperanza: ¡es posible *aprender* a contentarse! Esto debe ayudarte a pensar en términos de "solo lo suficiente". Solo la riqueza suficiente para suplir tus necesidades. Solo la fuerza suficiente para enfrentar tus dificultades. Solo la paciencia suficiente. Solo el amor, la fe y la esperanza suficientes. El contentamiento no se trata de ti, ¡sino de Dios en ti!

*Padre, tú sabes cuán impaciente me pongo con mi familia. Concédeme la paz mental y el espíritu para caminar, trabajar, amar y vivir en un estado de contentamiento. Estoy muy agradecida por mis relaciones. Dame un corazón amable y gozoso.*

# Un mayordomo hábil

Dinero. Causa muchos dolores de cabeza, pero también es una de las necesidades de la vida. Como madre te resulta provechoso ser mayordoma sabia y fiel de tu dinero. Primero, considera este poderoso comentario de Proverbios 22:7: "los deudores son esclavos de sus acreedores". En la deuda no hay libertad. Más bien hay mucha preocupación y riesgo. Así que ahora es el momento de usar tus dotes de mayordomía. Haz una lista de todos tus gastos durante un mes. Luego determina qué gastos puedes eliminar y cuáles puedes reducir. Ora al tiempo que creas tu nueva lista de prioridades de gastos. ¡Esto funciona! Cuando tomas el control de tus finanzas, tú y tu familia experimentarán el gozo de una libertad que habían olvidado hace tiempo.

*Señor, no permitas que defina mi valor por la cantidad de dinero que poseo. Dame la sensatez para ejercer una mayordomía sabia y piadosa. Guíame a dar, ahorrar y gastar de tal manera que te glorifique y atienda las necesidades de mi familia.*

# Un verdadero amigo

¿Qué es un verdadero amigo? Taz vez tengas tu propia definición, pero es mejor comprender lo que Dios quiere, a fin de que puedas ser una buena amiga y procures serlo. Una verdadera amiga apoya tus compromisos y responsabilidades. En otras palabras, tu vida ajetreada y tu familia. Te ayuda con tus prioridades. Y cuando tú honras al Señor en tu vida ¡ella se goza juntamente contigo! Una amiga verdadera orará contigo y por ti. Te animará… y te confrontará con amor cuando sea necesario. Para ser amiga, es importante hacer lo que dice Lucas 6:35: "háganles bien… sin esperar nada a cambio". ¿Y qué decimos? ¡Para tener amigos, hay que mostrarse amigo!

*Jesús, me vuelvo a ti como mi amigo en la vida y en la fe. Ayúdame a demostrar las cualidades que consideras más importantes en una amistad. Y guíame hacia relaciones con mujeres que son piadosas y llenas de gracia.*

## *La renovación de tu mente*

Uno de los grandes tesoros que poseo es el "almacén" de versículos que he memorizado a lo largo de los años. ¿Quieres un tesoro portátil de la sabiduría de Dios? Escoge algunos versículos para memorizar. Te alegrará haberlo hecho. Es una gran ayuda a la hora de enseñar a tus hijos, dar consejo a un amigo y definir prioridades en tu vida. Cuando grabas la Palabra de Dios, la atesoras en lo profundo de tu ser. Romanos 12:2 nos anima con estas palabras: "No se amolden al mundo actual, sino sean transformados mediante la renovación de su mente. Así podrán comprobar cuál es la voluntad de Dios, buena, agradable y perfecta". Cuando tu mente se renueva, tu comportamiento, tus decisiones, tu vida y tu sentido de propósito le seguirán.

*¡Renuévame, Señor! Como madre y como hija tuya quiero atesorar en mi corazón y en mi mente tu Palabra, para que nunca me falte tu consuelo y tu dirección.*

# Empieza

Cuando buscas ejemplos de cómo dar y servir, es natural que los busques en tus amigas. Ellas pueden inspirarte. Pero también hay mujeres en la Biblia cuya forma de aprovechar sus recursos y su forma de servir serán de aliento para ti. Tú puedes servir mediante la hospitalidad, como Marta y María, las hermanas que hospedaron a Jesús y a los discípulos. O puedes crear un ministerio de oración. En Hechos 12:12 la madre de Juan Marcos organizó en su casa una reunión de oración, donde todos oraron por la liberación de Pablo de la cárcel. Y me encanta la escena en 1 Timoteo 5 de las viudas que ayudaron a cuidar a los huérfanos y a los enfermos. Estas mujeres no son diferentes a ti. Inspírate… y empieza.

*Dios, me fascina escudriñar la Biblia y descubrir cómo dotaste de capacidades a las mujeres. Mi confianza y mi propósito se fortalecen. Quiero ministrar a mi esposo, a mis hijos, a mi familia, a mis amigos y a otros según tu voluntad para mi corazón.*

# *Es para toda la vida*

¿Son tus hijos ya grandes o están próximos a dejar el nido? ¡Anímate madre! Este será un tiempo de mucha renovación. Cualquiera que sea tu edad o etapa en la vida, no hay jubilación del servicio a Dios. Es fácil decir: "Que otro lo haga. Es el turno de otro para servir". La verdad es que has sido comprada por un precio y redimida por Jesucristo, ¡de modo que estás llamada a servir con entusiasmo toda la vida! Hay mujeres más jóvenes que quisieran servir junto a una consejera mayor. Hay nuevas madres que necesitan desesperadamente el consejo y el consuelo de una mujer que también se ha levantado múltiples veces a las 2 de la mañana para alimentar a su bebé. ¡Lo que puedes ofrecer a otros ahora mismo es valioso!

*Buen Pastor, guíame en esta nueva etapa de la vida*
*con un sentido renovado de valor y convicción. Quiero*
*seguir siendo una madre conforme a tu corazón.*

# Ladrones en tu vida

No dejes que los "ladrones del tiempo" que merodean en tu vida te priven de un precioso día para cumplir el plan y el propósito de Dios para ti. Si no examinas en qué se pierde tiempo, no sabrás cómo debes cambiar tu agenda para ti y tu familia. ¿Qué aplazas y deberías hacer? ¿Qué recibe el mínimo esfuerzo y energía de tu parte cuando debería recibir toda tu atención?

Si no planeas tu día, alguien más lo hará por ti. Tus hijos y otras personas traerán todas las distracciones posibles, y su propia versión de lo que es prioritario. Pero no vivas el día de otros. El Salmo 118:24 dice: "Éste es el día en que el Señor actuó; regocijémonos y alegrémonos en él". Vive el día que Dios te ha dado para servirle a Él, a Aquel que lo planeó para ti.

*Señor, quiero volver mi atención y mi corazón hacia lo que es importante ante tus ojos. Dame tu discernimiento y perspectiva para que pueda experimentar plenamente el precioso don que tengo de vivir en tu voluntad y cumplir tu propósito.*

## *Inestable*

Aun cuando tus metas y prioridades están firmes en su lugar, la vida puede ser inestable. ¿Qué debe hacer entonces una madre ocupada? Las prioridades son buenas. ¡Nunca me oirás decir lo contrario! Pero eso no significa que siempre las manejemos bien. No dejes que tus ocupaciones minen la eficacia de tus esfuerzos y tus dones. Puedes enredarte fácilmente en actividades equivocadas, y con buenas intenciones. Como resultado, te cuesta rendir tu corazón a las prioridades que Dios te ha dado.

¿Qué puedes hacer? Ora por tus prioridades. Sigue presentando tus necesidades cuando organizas tu agenda. La oración lo cambia todo, y te cambia a ti también cuando las prioridades de tu día se conforman a las de Dios.

*Señor, ¿cuál es tu voluntad para mí en este momento de mi vida? ¿Cómo puedo cumplir mejor tu plan para hoy y mañana? ¡No quiero que mi vida sea inestable! Quiero estar en armonía contigo, y permanecer ahí.*

# Una dieta sin calorías

Déjame hacerte dos preguntas. Primero, ¿con qué frecuencia comes? La mayoría comemos tres veces al día. O si eres una madre de niños pequeños, tal vez comas pequeñas cantidades, aquí y allá, a lo largo del día cuando tienes la oportunidad. Y segundo, ¿buscas en la Biblia tu *alimento espiritual*?

Aquí tienes mi reto para ti: lee tu Biblia para alimentarte cada día. Para empezar, lee un capítulo diario de los Evangelios, y leerás toda la vida de Cristo en tres meses. Qué riqueza de conocimiento, información y dirección tendrás para tu vida, ¡y eso es con un capítulo al día nada más! Tú puedes hacerlo. En 1 Pedro 1:24-25 leemos: "todo mortal es como la hierba, y toda su gloria como la flor del campo; la hierba se seca y la flor se cae, pero la palabra del Señor permanece para siempre". ¡Sé sabia! ¡Eres lo que comes! Y la bendición suprema es que la Palabra de Dios no tiene calorías.

*Señor, tú suples todas mis necesidades físicas y*
*espirituales. Gracias por el alimento de tu Palabra y*
*por la manera en que nutre mi corazón y mi alma.*

## *Las oraciones de un niño*

"La oración es algo que intimida. Después de todo, ¡es Dios quien oye mis oraciones deficientes!". Yo solía sentirme igual. Pero he descubierto que la oración no intimida cuando tu corazón y tus intenciones son correctas. A Dios no le interesa tanto *cómo* oras. Él no oye tus palabras adornadas. No. ¡A Él le interesa más que ores! Cuando tu hijo o tu hija vienen a ti con una rodilla raspada o un corazón roto, tú no juzgas la manera en que te piden ayuda. Te *gozas* en demostrarles amor y atención.

¿Y sabes qué? Dios quiere bendecirte y concederte tus peticiones. Él quiere dar lo que Mateo 7:11 llama "cosas buenas". Y Mateo 7:7 dice: "Pidan, y se les dará; busquen, y encontrarán; llamen, y se les abrirá". ¡Adelante! Ponte seria con la oración y observa la respuesta de Dios.

*Padre, tú oyes las oraciones de tus hijos. De esta tu hija. Gracias por escuchar a pesar de mi torpeza en expresar mis peticiones y mis alabanzas. Te amo.*

## *Si quieres crecer*

Si quieres crecer espiritualmente, busca a alguien mayor en la fe y pídele ayuda. ¡No esperes! Cuando recién acepté a Cristo estaba muy emocionada, pero sabía muy poco. Estaba desconcertada acerca de cómo vivir mi fe como madre y esposa. ¡Una consejera era justo lo que necesitaba!

Muchas mujeres fueron muy pacientes conmigo y me animaron en mi crecimiento espiritual. Hasta el día de hoy les estoy muy agradecida. Con frecuencia uso las palabras que Pablo escribió en Romanos 1:14: "Estoy en deuda" con estas santas amadas. No descanses hasta encontrar a una mujer que supla tu necesidad de consejo espiritual. Luego prosigue tu maravillosa aventura para convertirte en una madre conforme al corazón de Dios. ¡Aquí voy a tu lado para animarte!

*Muéstrame el camino, Dios. Tú tienes a alguien en mente para mí. Ayúdame a confiar en tu tiempo. Dame un corazón hambriento para que esté dispuesta a aprender de otra mujer de Dios. ¡Quiero crecer!*

# ¿Qué voy a hacer hoy?

❦

"¿Qué voy a hacer hoy?". ¡Esa es una buena pregunta! Pensé cómo responderla, especialmente a la luz de mi deseo de ser una mujer piadosa. Mi segunda pregunta es: ¿Cuál ejemplo de fe voy a seguir hoy? La Biblia enseña que Enoc anduvo en comunión diaria con su Padre celestial. Abraham confió en Dios. ¿Y Job? Fue paciente bajo circunstancias extremas. ¿Qué puede ser peor que perderlo todo? Andrés quiso guiar a otros a Cristo. Pablo olvidó el pasado y siguió adelante. Proverbios 16:3 dice: "Pon en manos del Señor todas tus obras, y tus proyectos se cumplirán". Y también tus acciones.

Adelante. Pregúntate de nuevo: "¿Qué voy a hacer hoy?"

> *Señor, hay hombres y mujeres admirables de la Biblia que me enseñan a vivir conforme a la fe, el carácter y la fortaleza de una madre piadosa. Lléname de tu esperanza y valor para que pueda afrontar el día de hoy con todo mi corazón y mi mente, y hacer que valga la pena.*

# No pierdas la razón

No quiero simplificar esto demasiado, pero la manera en que cada cual usa su mente es elección de esa persona. Decidir usar tu mente para conocer a Dios, amar su Palabra, estudiar sus verdades y confiar en sus promesas es algo que requiere perseverancia y disciplina. Vivir conforme al plan de Dios para tu vida te exige usar pensamientos, sabiduría y parámetros piadosos. Mateo habla precisamente de eso en 12:34: "Camada de víboras, ¿cómo pueden ustedes que son malos decir algo bueno? De la abundancia del corazón habla la boca". La pregunta es: "¿Qué abunda en ti?". Yo misma me lo pregunto. Si quieres vivir una vida piadosa tienes que poner en tu mente lo que es bueno. La Biblia dice que la paz de Dios guardará tu corazón y tu mente en Cristo (Fil. 4:7). Busca a Dios. Busca su paz. Y entrega a Dios tus pensamientos para que Él los gobierne e influya en ellos. Bendice hoy a tu familia. Alimenta tu razón, ¡no la pierdas!

*Jesús, tu paz es incomparable. Es todo. Protege mi corazón y mi mente para que pueda andar en mi propósito como madre que habla de la abundancia de un corazón piadoso.*

# La batalla por el peso

¿Será que todas las mujeres están a dieta? La mayoría de las madres se proponen perder el peso del embarazo después del primer hijo. Luego con el segundo. O el tercero. Pero es fácil posponer esta prioridad de nuestra salud porque estamos cansadas y ocupadas. ¿Qué podemos hacer?

En 1 Corintios 10:31 leemos: "En conclusión, ya sea que coman o beban o hagan cualquier otra cosa, háganlo todo para la gloria de Dios". ¿Cómo puede ser esto? Come solo cuando tengas hambre. Prueba esto: come solo *después* de orar. Orar quema calorías. Está bien, no es cierto, ¡pero siempre es bueno orar! Come la mitad de las porciones. Usa platos pequeños. Come saludable. Y entrega a Dios esa área de tu vida para que *tú* puedas dejar de gastar tanta energía y atención en el tema de la comida. Mi oración es que tú y yo seamos madres saludables y vigorosas.

*Dios, toma mis preocupaciones sobre el peso*
*y la comida, mi culpa y mi vergüenza, mis*
*malos hábitos y mis fracasos pasados con mi*
*dieta. Que pueda glorificarte con decisiones*
*saludables para mí misma y para mi familia*
*cuando cocino, sirvo y como alimentos.*

## *La oración produce cambios*

Si te cuestionas si la oración funciona, si el acto de orar tiene algún beneficio, permíteme comunicarte algunas certezas, amiga. La oración *sí* produce cambios. Suaviza tu corazón. ¿Quieres un corazón suave? ¿Generoso, amoroso, dispuesto, que glorifica a Dios? Es indudable que si quieres la guía de Dios en tus decisiones, en tu maternidad, en tus relaciones y en tu propósito, la oración es la respuesta. Es mediante la oración que abres tu corazón y tu vida a Dios. Y cuando lo haces, Él te examina, revela tus motivos, te sana y te guía.

No puedo imaginar una vida sin oración, un *día* sin oración. Y créeme, ¡yo era una gran escéptica! La oración le dio un vuelco a mi vida, y Dios hará lo mismo por ti.

*Señor, mira mi corazón. Examínalo. Tú me conoces muy bien. Quiero ser receptiva a tu Palabra y a tu voluntad. Quiero ser una mujer que ora, ¡una madre que ora! Dame un corazón que persevera en oración.*

# ¿Aburrido?
# ¡De ninguna manera!

La Biblia dice que como mujeres cristianas debemos ser mesuradas. ¡Pero en ninguna parte la Palabra de Dios dice que seamos aburridas! Amiga mía, es todo lo contrario. Lo único que Dios quiere para nosotras es una vida dinámica en Cristo. Una vida gratificante y gozosa que le glorifica en todo lo que somos y hacemos. He descubierto que es una aventura maravillosa, y tú también lo verás.

Proverbios 3:9 te enseña a honrar al Señor con "los primeros frutos" de todo lo que recibes y de ti misma. El resultado prometido es que "tus graneros se llenarán a reventar y tus bodegas rebosarán" (v. 10). Serás bendecida en tu espíritu y en tu vida cuando entregues todo lo que eres a Dios. Es una plenitud y una aventura que se extienden más allá de esta vida. *Nada* tiene de aburrido ser una madre conforme al corazón de Dios.

*Jesús, tómame en esta aventura. Quiero saltar con
fe. Saltar con tu gozo. Ser madre en tus fuerzas.
Y ante cada sorpresa, imprevisto o cambio,
quiero creer en tu provisión sobrenatural.*

# Corre la carrera

Manejar tu vida es como correr una maratón. Es obediencia prolongada en la misma dirección. En 2 Timoteo 4:7, Pablo compara la vida cristiana con una carrera. Él dice: "He peleado la buena batalla, he terminado la carrera, me he mantenido en la fe". Qué maravilla poder hacer una declaración semejante al final de tu vida: "Me he mantenido en la fe". La vida cristiana no es una carrera de velocidad hasta llegar a una meta. Es más bien recorrer la distancia a paso continuo y sostenido. Es mantenerse "firme, inconmovible, progresando siempre en la obra del Señor" (1 Co. 15:58). Es algo que exige disciplina de vida y del alma. Isaías 40:31 dice que "los que confían en el Señor… volarán como las águilas… correrán y no se fatigarán". ¿Qué madre no desea oír que no se fatigará?

*Dios, tú dispones un camino para mí y me*
*diriges a recorrerlo con gracia y buen ritmo.*
*Descansaré en tu fortaleza para poder avanzar*
*y mantener mi fe en cada paso del camino.*

# *Cambia tu estilo*

"Me desespera la gente que no hace lo correcto. ¡Quiero gritarles y corregirlos!". Digámonos la verdad, todas nos hemos sentido tentadas a hacer lo mismo. Pero no te corresponde supervisar lo que otras personas hagan o no. Pero entrenar a tus hijos *sí* es tu trabajo. Ser mamá de los demás, no. Tienes suficiente con tu propios "asuntos" en los cuales trabajar. Preocúpate por lo que Dios quiere para ti y lo que pide de ti.

Dios quiere obrar a través de ti en la vida de tu familia y en otros con amor, madurez y entusiasmo por su gloria. Él desea conformarte en la imagen de tu Salvador, de manera que sea glorificado en tu conducta. Esa es una norma diferente a la que dicta el mundo, ¿no es así? Que tu vida refleje las características de tu Padre celestial.

*Padre, muéstrame lo que debo hacer respecto a mi conducta, mis hijos y mi propósito. Dame un corazón de amor por los demás para que mi vida refleje tu gracia en el hogar y se proyecte al mundo.*

# *Las mejores decisiones*

Todas hemos tomado malas decisiones en el pasado. La buena noticia es que ahora podemos empezar a tomar buenas deicisiones con la ayuda del Señor. Juan 15:10 cita las palabras de Jesús: "Si obedecen mis mandamientos, permanecerán en mi amor, así como yo he obedecido los mandamientos de mi Padre y permanezco en su amor".

Sé una mujer que camina con Dios y una madre que toma decisiones basadas en la sabiduría de Dios. Lee tu Biblia, hazlo cada día. Participa en un estudio bíblico si eso te ayuda. ¡Y ora! Hazlo a cada instante. Cada mañana al despertarte debes pedir en oración que puedas tomar decisiones que glorifiquen a Dios y su Palabra. ¿Por qué? Para ayudarte a tomar buenas decisiones… mejores decisiones… ¡las *mejores* decisiones!

*Señor, no quiero llevar por todas partes
esta lista mental de mis malas decisiones
pasadas. Estoy dispuesta a dejarlas atrás y a
comprometerte a tomar mejores decisiones, las
mejores, en la libertad de tu sublime gracia.*

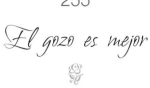

# El gozo es mejor

El gozo es mucho mejor que la felicidad. He aquí tres razones: (1) El gozo es permanente. Tiene su origen en un Dios inmutable. Y cuando andas en el Espíritu, ¡el Espíritu Santo *produce* gozo! (2) El gozo está siempre disponible. Se fundamenta en un Dios fiel. Filipenses 4:4 nos recuerda: "Regocijaos en el Señor siempre" (RVR-60). Sean cuales sean tus circunstancias, ¡regocíjate! (3) Tu gozo es indescriptible. Pedro lo anotó en 1 Pedro 1:8: "aunque no lo ven ahora, creen en él y se alegran con un gozo indescriptible y glorioso".

La felicidad puede esfumarse cuando tu hijo rehúsa comer su desayuno… ¡o antes! Pero tú tienes a tu disposición la fuente de gozo verdadero, un gozo que nadie te puede quitar. Búscalo y toma el gozo que te pertenece para siempre.

*Señor, tú eres mi dador de gozo y de todo bien.*
*Gracias por una paz y un deleite que sobrepasan*
*los altibajos diarios de la felicidad circunstancial.*

# Cada paso y cada respiro

Si hoy es "uno de esos días" para ti, quiero que sepas que Dios está disponible para ti a *cada* momento, ¡sin importar lo que te suceda! Haz lo que tienes que hacer. Enfócate en Dios. Encuentra tu gozo en Él, el gozo verdadero en sus promesas. Pídele gracia. Pídele que te ayude a recordar buscarlo en tiempos de necesidad, para recibir su plenitud. Hasta que estemos con el Señor habrá sufrimiento, desilusión, sueños frustrados, incluso burla y persecución. Pero que esto te lleve a ofrecer a Dios sacrificio de alabanza y te permita recibir su toque. Santiago 1:2-3 nos recuerda: "considérense muy dichosos cuando tengan que enfrentarse con diversas pruebas, pues ya saben que la prueba de su fe produce constancia". ¡Alábalo a cada paso y con cada respiro!

*Dios, antes de poner mis pies en el suelo en la mañana, te consagraré mi día. Me comprometo a influir positivamente en la vida de mis hijos y de otras personas. Y consideraré un gozo tener tu fortaleza para soportar las pruebas que me sobrevengan.*

# Bendecidos, pase lo que pase

Cuando le preguntaron a un reconocido consejero de un periódico cuál era el problema subyacente tras las miles de preguntas que recibía, él respondió: "¡el miedo!". Tal vez lo hubieras adivinado. Todas lo enfrentamos, ¿no es así? Estamos rodeadas de miedo. Pero esta es la buena noticia para nosotras como creyentes en Cristo: tenemos un antídoto contra el miedo. Se trata de la paz de Dios. Es posible experimentar paz en un mundo loco y caótico, e incluso en una casa loca y caótica. Filipenses 4:7 llama a esta clase de paz, una paz "que sobrepasa todo entendimiento". He aquí otra buena noticia: tú puedes tener esa paz justo en medio de tus pruebas, cuando más la necesitas. ¡Deja que esta verdad se grabe en tu corazón!

*Jesús, tú me bendices en abundancia. Tú renuevas mi espíritu y alivias mi dolor. ¿Por qué doy lugar al miedo en mi corazón? Dame tu paz y tu perspectiva para que pueda ver más allá del temor a la bendición de tu paz.*

# Ora, detente y examina

Así que tienes hijos y quieres un poco de paz y quietud. Te daré tres consejos, tres pasos para lograrlo: ¡Ora, detente y examina! *Ora* primero, ora con frecuencia, y ora sin cesar. Entrega en las manos de Dios toda esa inquietud que se acumula en tu mente. Luego, *detente* y vuélvete al Señor cuando sobrevenga una crisis o una catástrofe. Si tu hijo se enferma. Si recibes una notificación de tu compañía que va a hacer un recorte de personal. Dios promete que nunca te dejará ni te abandonará. Por último, *examina*. Examina la Palabra de Dios. Estudia la vida de Jesús. Observa la paz que experimentó en medio de situaciones de estrés extremo. Ten presente la actitud de Jesús en todo lo que hagas hoy o cualquier otro día. Ora. Detente. Examina. Deja que tu corazón descanse en Él y experimente su paz, ¡incluso en medio de tu mayor desafío!

*Dios, tú conoces las dificultades que enfrento. Pido*
*que tu poderosa paz me llene. Pido tu protección*
*y fortaleza para ver tu mano en esta situación.*
*Te alabo por todas tus tiernas misericordias.*

# Quejas y más quejas

Estoy segura de que has tenido episodios de autocompasión. Al igual que yo, tal vez has pensado que los quejidos pueden funcionar porque puedes desahogarte por un rato. Pero pronto descubres que no siempre lo que *funciona* es lo *mejor*. Debo reconocer que a veces se me escapan frases como: "De ninguna manera. No voy a volver a asumir esa responsabilidad". Luego hago lo que me apetece, hago lo que tengo que hacer en mi propia opinión, en mis fuerzas, con quejas y más quejas. En momentos así necesitas seguir el ejemplo del Señor. Necesitas orar. Necesitas volverte al Padre y someter tu corazón hasta que comprendas que la actitud de Dios es de amor, gozo y paz. Lo sé porque lo aprendí… a las malas. Como madre que procura la madurez espiritual de tus hijos, necesitas pasar el tiempo que sea necesario para que Dios te llene con su Espíritu. Como dice la Palabra de Dios, Él es suficiente. ¡Lo *es*!

*Perdóname, Señor. ¿Cuántas veces me he quejado*
*y protestado por un día difícil con los niños? En*
*vez de manifestar mis congojas y desahogarme,*
*te alabaré y manifestaré tu fidelidad.*

# *Mejor es no hacer nada*

Una de las cosas más difíciles de hacer es no hacer nada. Cuando quieres dar rienda suelta a tus emociones y expresar tu enojo, detente, piensa y ora. Luego quédate callada. No puedes borrar palabras hirientes cuando te enojas con tu hijo. Entonces ¿qué debes hacer? Proverbios 19:11 dice: "El buen juicio hace al hombre paciente; su gloria es pasar por alto la ofensa". En otras palabras, cuenta hasta cien. Aprende a refrenar tu enojo. ¡Aprovecha el momento para orar por todas tus necesidades! Jesús hizo esto precisamente. En 1 Pedro 2:23 leemos que "cuando proferían insultos contra él, no replicaba con insultos; cuando padecía, no amenazaba, sino que se entregaba a aquel que juzga con justicia". Tú también puedes resistir un espíritu de represalia y encomendarte a Dios. ¿El resultado? La paciencia triunfa.

*Jesús, tú soportaste gran humillación y
violencia, y aun así rehusaste lanzar amenazas.
Cuando me siento tentada a desatar mi ira,
te pido que mis pensamientos se vuelquen
de inmediato a tu ejemplo para que pueda
aprender de nuevo el camino de la gracia.*

# *Una madre amable*

¿Quién es ejemplo de amabilidad en tu vida? Si le preguntara a tus hijos ¿pensarían eso de ti? Pensamos que la amabilidad es bondad y gentileza. Sin embargo, llevaré esa definición aun más lejos: la amabilidad *se dispone* a actuar. Se prepara para hacer el bien y busca oportunidades para servir. Una madre amable pregunta: "¿Quién necesita amor hoy?". "¿Quién necesita cuidado y esperanza?". "¿Cómo puedo aligerar la carga de mi hijo?". La amabilidad es ternura e interés que se manifiesta a otros. En 2 Timoteo 2:24 leemos: "Y un siervo del Señor no debe andar peleando; más bien, debe ser amable con todos, capaz de enseñar y no propenso a irritarse". Cuando te interesas sinceramente por los demás, te fijas en sus circunstancias y piensas en su bienestar. Empieza a practicar en tu propia casa la amabilidad en acción. Te sorprenderá ver cuán contagiosa es.

*Señor, ayúdame a ser un ejemplo de amabilidad*
*activa para mis hijos. Recuérdame buscar*
*oportunidades para demostrar tu amor y*
*tu aceptación tanto en casa como en mis*
*interacciones con las demás personas.*

# ¿Cómo es la fidelidad?

Ya que estamos listas para abrazar una fe activa, enfoquemos ese compromiso en la fidelidad. ¿Cómo podemos poner por obra la fidelidad? Una madre que camina fielmente con Dios persevera en todo lo que tiene que hacer, pase lo que pase. Ella está disponible para su familia y su prójimo. Cumple su palabra. Santiago 5:12 dice: "Que su 'sí' sea 'sí', y su 'no', 'no'". Cumple tus compromisos y sé una persona confiable en todo tiempo. Conságrate al deber como lo hizo Jesús cuando vino a hacer la voluntad del Padre. He conocido muchas mujeres que cambian de opinión tanto como cambia el clima. Esto, a su vez, cambia sus lealtades, prioridades y normas. La pregunta para una madre conforme al corazón de Dios es la siguiente: tú puedes contar con el Señor, pero, ¿puede Él contar contigo?

*Señor, que puedas examinar mi corazón y*
*hallarme fiel en mis acciones y pensamientos.*
*Ayúdame a esforzarme por ser fiel como*
*esposa, madre y mujer de Dios.*

# Maternidad creativa

¿Sabes que fuiste creada a imagen de Dios? ¡Quiero que se te grabe en el corazón y en la mente que eres una mujer creativa e inteligente! Eres un reflejo de la gloria de Dios. Reflejas a Dios a otras personas, especialmente a tus hijos. Cada vez que demuestras amor, expresas un acto de bondad, perdón, paciencia y fidelidad, otros experimentan el carácter de Dios por medio de ti.

Persevera en invertir tiempo a diario con Dios por medio de la oración y el estudio de su Palabra. Inspírate en el corazón de Dios y deja que el Creador te ayude a ser madre en los tiempos difíciles y en los agradables también. Regocíjate en la fortaleza que Él te da cada día y en la esperanza que te ofrece para tu diario vivir.

*Creador, tú me acompañas en cada paso del camino de esta labor de madre. Me emociona transmitir a mi hijo lo que tú eres, dando muestras de tu bondad. Cuando necesito un impulso o un ajuste en mi actitud, tu esperanza omnipresente trae alivio y restauración.*

# *Un Dios fiel*

Definitivamente entiendo muy bien lo que significa ser mi peor enemiga. Ser disciplinado es difícil, ¿no es así? Yo me resisto a la disciplina incluso cuando sé que esto deteriora la paz de Dios y su propósito en mi vida y en mi hogar. Si te aterra la idea de ser disciplinada, o te falta serlo, busca la manera de servir a nuestro Dios fiel.

¿En qué área eres indisciplinada? ¿Eres obstinada, aplazas tus compromisos o murmuras? Cuando andas en el Espíritu, confiando en que Dios te guía a cada paso, puedes conquistar lo que sea. Anímate, Dios tiene un modelo de victoria para ti que te aguarda al final de esta experiencia. Moisés alabó a Dios en Deuteronomio 32:4 y dijo "Él es la Roca". Hallarás fortaleza si permaneces en el fundamento firme del poder de Dios.

*Señor y Roca mía, dame la fortaleza para*
*ser disciplinada en las áreas en las que*
*he sido inconstante. No quiero echar a*
*perder la buena obra que haces en mi vida.*
*Gracias por tu ejemplo de fidelidad.*

## No más remordimientos

"Mi problema no es lo que hago. ¡Lo que *no* hago es lo que me exaspera!".

Eres una madre ocupada, ¿no es así? Es fácil idear excusas para no pasar tiempo en la Palabra de Dios o en oración. "Estoy demasiado cansada. No creo que pueda hacerlo. Hago bastante con mis hijos y mi familia". ¿Te suena familiar? Esta falta de fidelidad puede llevar a la apatía: "¿Para qué tomarse la molestia?". O incluso el estado destructivo de rebeldía que dice: "¡No lo haré!".

Cada vez que rehúsas hacer lo que Dios ha dispuesto para ti, te pierdes de su vida abundante. Proverbios 29:1 advierte: "El que es reacio a las reprensiones será destruido de repente y sin remedio". Que esto no te suceda a ti. Antes bien, experimenta la plenitud del propósito de Dios para ti como madre que vive sin remordimientos.

*Padre, no quiero vivir más con remordimientos.*
*Oro para consagrar mi camino a ti. Ayúdame a*
*abrazar tu propósito, tu misión "especial" para*
*mí. Anhelo la abundancia de una vida fiel.*

# Día de acción de gracias, todos los días

¿Qué madre no ha soñado con llegar a casa y encontrar una mesa servida con finos manteles y una deliciosa cena preparada? Cuando David oró a Dios en el Salmo 23, dijo: "Dispones ante mí un banquete" (v. 5). Tu anfitrión en este banquete es el Señor mismo. Y la mesa está dispuesta para ti con anticipación, porque eres una invitada especial y anhelada.

¡Imagínate! Tu anfitrión es el Dios todopoderoso, omnisciente y admirable. Él está siempre atento, vela por cada oportunidad para suplir tus necesidades, para llenar continuamente tu copa. ¡Él se deleita en derramar su provisión abundante! Madre, este sueño es real. Dios te invita a esta mesa de comunión, pacto y acción de gracias.

¡Toma asiento! Participa del amor único que tiene por ti.

Relájate… ¡y disfruta!

*Amado Señor, eres tan amoroso y tan amable.*
*Mis temores se desvanecen cuando estoy en*
*tu presencia. Me gozo en este banquete y me*
*nutre tu atención, tu deleite y tu cuidado.*

# Vive por el Espíritu

Estoy de acuerdo con la persona que afirmó: "Mientras estés vivo, serás tentado". Cuando ves la carátula de una revista con apetitosos pastelitos cubiertos de chocolate, se despiertan los antojos. ¡Eso no pasa con las zanahorias! La tentación también entra en tu vida mental en asuntos más relevantes. ¿Sueñas despierta tal vez con un hombre del trabajo? ¿O envidias la casa del vecino que es mejor, las vacaciones fabulosas de una amiga o la vida de una madre que no tiene que trabajar?

Gálatas 5:16 nos recuerda que cuando esos pensamientos, emociones o tentaciones te invaden, el Espíritu de Dios contrarresta tu naturaleza pecaminosa. "Vivan por el Espíritu, y no seguirán los deseos de la naturaleza pecaminosa". La buena noticia es que tú puedes pedir el poder de Dios, vivir en el Espíritu, ejercer autocontrol y ganar la batalla a la tentación.

*Dios, guárdame de alimentar tentaciones con fantasías, ideas o conversaciones con amigas. Quiero que mi corazón sea puro para que pueda enseñar a mis hijos, mediante el ejemplo, a vivir en el Espíritu.*

# Como Cristo

Si quieres sacar el mayor provecho de la vida, tienes que organizarte y poner a funcionar una buena actitud. ¿Ya estás motivada? Está bien, tal vez esto suene a discurso motivacional. Exploremos entonces lo que quieres lograr en tu vida. He aquí una lista posible: una familia saludable y piadosa, un sentido de propósito en Dios, un corazón lleno del gozo de Cristo. Pues bien, querida madre, ¡Dios también quiere darte esa vida!

En 1 Juan 3:2 leemos: "cuando Cristo venga seremos semejantes a él". El versículo siguiente dice: "Todo el que tiene esta esperanza en Cristo, se purifica a sí mismo, así como él es puro". Cuando tu esperanza es ser como Cristo, ¡*estás* aprovechando tu vida al máximo!

*Señor, tú quieres lo mejor para mí. Tú conoces las necesidades de mi esposo, de mis hijos y de mi propio corazón. Dame el anhelo de ser una mujer piadosa, y la disciplina para lograrlo.*

## Dios lo dice

"Porque yo lo digo". La mayoría de las madres han dado esta escueta explicación a sus hijos al menos un par de veces. Como cuando piden una razón para comer sus guisantes. Cuando preguntan por qué deben limpiar su habitación antes de jugar. Esa frase, aunque genérica, es una expresión de autoridad. La conclusión es que a veces constituye la única respuesta que tus hijos necesitan oír.

Piensa cuántas veces Dios ha tenido que afirmar su autoridad para que tú anduvieras en sus caminos, creyeras sus promesas, aceptaras su amor o perdonaras a otros. Primera de Timoteo 5:10 te insta como mujer a vivir una vida que alcance una reputación por las buenas obras. Hacerlo glorifica a Dios, y demuestra respeto hacia ti misma y hacia tu familia. Además, es una inversión duradera. Incluso en esos días en los que luchas por acatar lo que es correcto, tu Padre celestial tiene algo que decirte. ¡Ya sabes qué es!

*Padre ¡cuán obstinada puedo ser! Cuestiono, me justifico, me alejo de tu verdad, exijo explicaciones. Pero tú tienes autoridad sobre mi vida, y quieres lo mejor para mí. Seguiré tu voluntad porque tú lo dices.*

# ¿Por qué crecer?

"Si yo midiera mi crecimiento espiritual una vez al año, como mido la estatura de mis hijos, ¡no creo que vería mucho progreso!". Esto nos sucede a todas en algunos momentos de la vida. Sin embargo, debemos crecer en el Señor diariamente. ¿Qué nos lo impide? ¿Para qué crecer? En 2 Corintios 4:16 leemos: "Por tanto, no nos desanimamos. Al contrario, aunque por fuera nos vamos desgastando, por dentro nos vamos renovando día tras día". Nuestro cuerpo físico envejece. Pero nuestro ser espiritual tiene la oportunidad, por medio de Cristo, de renovarse continuamente.

El crecimiento espiritual es una meta para tu vida. Que cada día tengas la costumbre de reafirmar los propósitos de Dios para ti. Lee su Palabra, ora, y experimenta el prodigio de un espíritu renovado.

*Dios, a la hora de hacer un balance de este año, quiero concluir que te he servido, te he amado y he hablado de ti con una mayor profundidad espiritual, sabiduría y compromiso.*

# Emocionante, apasionante y reconfortante

La Palabra de Dios es emocionante y reconfortante. ¡Incluso apasionante! ¿Por qué? Porque transforma la vida y el corazón. Hoy la Biblia es mi sustento. Durante los primeros 28 años de mi vida, eché mano a todo *excepto* a la Biblia, para recibir ayuda. Desde el día en que descubrí la verdad acerca de Jesucristo en la Biblia, he devorado sin descanso su Palabra. Mi apetito por las verdades de las Escrituras que salvan vidas, dan vida y sustentan la existencia no ha hecho más que aumentar con el paso de los años.

Proverbios 2:6 dice: "Porque el Señor da la sabiduría; conocimiento y ciencia brotan de sus labios". Lo que tú lees entre las carátulas de tu Biblia es sabiduría para todas tus pruebas y para toda la eternidad. Persevera en ella. Vive conforme a ella. Y enséñala a tus hijos cada día para que ellos también experimenten la emoción de una vida transformada.

*Señor, tu Palabra me conduce al refugio*
*de tu corazón. Me llena de pasión para*
*amarte y de compasión para amar a*
*mis hijos. Transfórmame, Señor.*

# Gozo cuando todo sale mal

Cuando enfrentas adversidades, la alabanza, la acción de gracias y los pensamientos alegres no fluyen con tanta facilidad, ¿no es cierto? Es entonces cuando debes elegir voluntariamente seguir el consejo de Dios en 1 Tesalonicenses 5:18: "den gracias a Dios en toda situación". Si esa tarea de fe parece demasiado exigente, considera el gozo y la acción de gracias como tu manera de cumplir en tu vida con lo que dice Hebreos 13:15: "Así que ofrezcamos continuamente a Dios, por medio de Jesucristo, un sacrificio de alabanza". Tu obediencia y tu gratitud son un *sacrificio de alabanza*.

Descubrirás que el gozo aumenta cuando logras ver más allá de tu sufrimiento o frustración hacia lo que Dios promete como "fruto" de su Espíritu. El gozo del Señor nunca depende de las circunstancias, sino más bien de tu disposición a aceptar su don.

*Señor, tú provees un gozo y una paz que sobrepasan cualquier felicidad que pueda recibir de los placeres o proyectos del mundo. Es verdadero y duradero. Hoy, y cada día, te ofrezco mi sacrificio de alabanza. Señor, tú eres digno de mi obediencia.*

## Programa tiempo para ti

Una madre necesita tiempo a solas para renovar sus fuerzas espirituales y físicas. Así que dedica algunos momentos de calma con Dios para crecer personal y espiritualmente. Segunda de Pedro 3:18 lo expresa de este modo: "crezcan en la gracia y en el conocimiento de nuestro Señor y Salvador Jesucristo". Si te estás preparando para bendecir a tu familia y a otros, y si quieres ejercer una influencia positiva sobre ellos, programa tiempo para ti misma en la Palabra de Dios. La única manera de lograr que el tiempo trabaje para ti y no ser su esclava es establecer y seguir prioridades realistas y piadosas. Pide a Dios que te ayude en cada paso del camino. Tu Padre sabe que necesitas descanso, instrucción, consuelo, fortaleza, sabiduría, gracia… ¡y montones de amor incondicional! Acude a Él. Él te restaurará.

*Padre, busco el santuario de tus brazos. Necesito el bálsamo de tu amor. Mi tiempo contigo restaura mi fe, me mantiene conectada a tu corazón, y me recuerda el privilegio de ser madre. Me deleito cada día en esos momentos.*

# *Arreglar un ramo*

Me encantan las flores. Hace años, como algo especial, solía comprar un ramo de flores en el supermercado, le quitaba el plástico y ponía las flores en un jarrón. Más adelante aprendí a transformar el ramo con un poco de arreglo y cuidado. Empecé a crear hermosas combinaciones de color, textura y belleza. ¡Así es la vida, madre! ¿Para qué arrojar un montón de actividades desordenadas en tu día cuando puedes arreglar las prioridades de Dios con cuidado y oración? El resultado es una vida hermosa de deleite y significado que te trae gozo a ti y a tu esposo, a tus hijos, y a Dios.

El Señor te ha dado todas las cosas para que vivas para Él (ver 2 P. 1:3). Deja que tu vida se vuelva un adorno hermoso y fragante. Termina el día de hoy orando el mensaje esencial de 2 Corintios 2:14-15.

*Dios, gracias por llevarme triunfante en Cristo. Por medio de mí, esparce por todas partes la fragancia de tu conocimiento. Que yo sea el aroma de Cristo entre los que hay en mi vida, empezando por mi hogar. Que mi vida sea una hermosa ofrenda.*

# La mujer de tus sueños

¿Te aferras con todas tus fuerzas a un sueño de toda la vida? Amiga mía, ¡*Dios* te llevará tan lejos como quieras llegar! Solo por diversión, ¿cuántos años tienes en este momento? ¿Cuántos años tendrás en diez años? Ahora imagina lo que te espera en esos diez años. Necesitas la fortaleza de Dios para lo que acontecerá en esos años, para crecer espiritualmente. Crecer como madre. Crecer como mujer. Sea lo que sea que te depare el futuro, Dios te ayudará a servir exitosamente a aquellas personas en tu vida con su gracia y su fortaleza. "Por sobre todas las cosas cuida tu corazón, porque de él mana la vida" (Pr. 4:23). Sé la mujer de tus sueños. ¡Dios *te llevará* tan lejos como quieras llegar!

*Señor, tú eres el guardador, hacedor y dador de mis sueños. No permitas que pierda la esperanza. Ayúdame por favor a moldear los deseos de mi corazón para que se conformen a tu propósito para mi vida, y de esa manera progresar en tu voluntad y no en la mía.*

# Índice de títulos

EDITORIAL
**PORTAVOZ**

## NUESTRA VISIÓN

Maximizar el efecto de recursos cristianos de calidad que
transforman vidas.

## NUESTRA MISIÓN

Desarrollar y distribuir productos de calidad —con
integridad y excelencia—, desde una perspectiva bíblica y
confiable, que animen a las personas a conocer y servir a
Jesucristo.

## NUESTROS VALORES

*Nuestros valores se encuentran fundamentados en la
Biblia, fuente de toda verdad para hoy y para siempre.
Nosotros ponemos en práctica estas verdades bíblicas como
fundamento para las decisiones, normas y productos de
nuestra compañía.*

Valoramos la excelencia y la calidad
Valoramos la integridad y la confianza
Valoramos el mérito y la dignidad de los individuos
y las relaciones
Valoramos el servicio
Valoramos la administración de los recursos

Para más información acerca de nuestra editorial y los
productos que publicamos visite nuestra página en la red:
www.portavoz.com